Pablo Rocío Domínguez

El español
con... juegos
y actividades

© 2003 - ELI s.r.l.
P.O. Box 6 - Recanati - Italia
Tel. +39 071750701 - Fax +39 071977851
www.elionline.com
e-mail: info@elionline.com

Versión española de Pablo Rocío Dominguez y Raquel García

Adaptación de *L'Italiano con giochi e attività*
de Federica Colombo

Proyecto gráfico de Studio Cornell sas
Ilustraciones de Roberto Battestini

Impreso en Italia - Tecnostampa Recanati - 03.83.169.0

ISBN - 978-88-536-0005-5

Introducción

El español con juegos y actividades es una serie dirigida a estudiantes de español como segundo idioma o como lengua extranjera de distintas edades y de los niveles comprendidos entre elemental e intermedio.

El material, seleccionado según criterios comunicativo-funcionales, está estructurado en 3 volúmenes que permiten una adquisición gradual del léxico y de las estructuras básicas del español.

Cada volumen contiene **14 unidades** que tratan temas léxicos de uso cotidiano.

El español con juegos y actividades – nivel intermedio inferior presenta algunos temas léxicos nuevos y profundiza en otros temas ya tratados en el volumen de nivel elemental. Cada unidad presenta, en su primera página, aproximadamente **20 vocablos ilustrados**. Estas palabras se utilizan a lo largo de las siguientes páginas de **juegos** y **actividades**, que son muy variadas: crucigramas, sopas de letras, anagramas, etc.

En cada unidad, se presenta un tema gramatical que será después estudiado detenidamente gracias a ejercicios de tipo estructural, relacionados con el contexto léxico utilizado en la citada unidad.

Las **soluciones** de los juegos, incluidas en el apéndice, permiten usar el material como instrumento válido para un aprendizaje autodidacta.

Las profesiones II

el arquitecto

el pintor

la cantante

la dentista

el carpintero

el fotógrafo

el fontanero

la peluquera

el pescador

el piloto

el cartero

el director

el sastre

la escritora

el traductor

el veterinario

el bombero

1 Conecta las profesiones con los instrumentos de trabajo.

1. ☐ carpintero

a.

b.

2. ☐ fontanero

3. ☐ sastre

c.

d.

4. ☐ pescador

5. ☐ director

6. ☐ pintor

e.

f.

7. ☐ fotógrafo

g.

2 Encuentra las palabras escondidas en esta serpiente de letras; después formula una pregunta con las letras que te sobren.

qtraductoruepilotoqusastreicantanteeresarquitectoserescritordemapintoryor

¿_ _ _   _ _ _ _ _ _ _
_ _ _   _ _   _ _ _ _ _?

3 Resuelve estos anagramas.

1. ¿Quién proyecta los edificios?   URQEAITTOC _ _ _ _ _ _ _ _ _ _

2. ¿Quién hace trajes?   ARTSSE _ _ _ _ _ _

3. ¿Quién conduce los aviones?   OILPOT _ _ _ _ _ _

4. ¿Quién hace servicios fotográficos?   OGOARTFOF _ _ _ _ _ _ _ _ _

gramática

¿Cuál es su profesión?/¿A qué se dedica?/¿Qué hace?

Es escritor.

Para indicar cuál es la profesión de una persona se usa el verbo ser *seguido del nombre de la profesión.*

Julia es cartera.

Carmen es piloto.

La mayoría de los nombres de profesiones tienen tanto la forma masculina como la femenina, que se forman con sufijos distintos. Sin embargo otros permanecen invariables y para distinguir entre forma masculina y femenina se les cambia el artículo. Entre los que aparecen en esta unidad permanecen invariables piloto, dentista, carpintero, cantante, bombero.

4 ¿Cuál es la profesión de estas personas? Completa con el verbo "ser".

1. Luisa .... arquitecto.

2. ¿........................... (tú) dentista?

3. Pepe y Juan .... bomberos.

4. Claudia no .... fontanera.

5. Yo .... carpintero.

6. Nosotros .... pintores.

7. ¿........................... María y Carlos fotógrafos?

8. Vosotras no .... traductoras.

5 ¿A qué se dedican estas personas? Escribe cuál es su profesión.

1. ....

5. ....

2. ....

6. ....

3. ....

7. ....

4. ....

8. ....

6 ¿Quién nos puede ayudar? Escribe también el artículo.

1. ....

3. ....

2. ....

4. ....

7 ¿Quién hace estas cosas? Escribe las profesiones con sus artículos.

1. .... cose.

2. .... corta el pelo.

3. .... pesca.

4. .... pinta.

5. .... entrega el correo.

②

③

④   ⑤

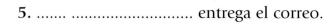

Las profesiones II

8 Mira los dibujos y haz este crucigrama, prestando atención al género masculino o femenino de las palabras.

9 En este recuadro puedes ver algunos verbos y algunos sustantivos. Escribe la profesión relacionada con cada grupo de palabras, en masculino y en femenino.

VERBOS	SUSTANTIVOS	PROFESIONES
fotografiar	la fotografía	....
traducir	la traducción	....
escribir	el escrito/el libro	....
pescar	la pesca/el pescado	....
cantar	la canción	....

10 Estos son los miembros de la familia de Ana. ¿A qué se dedican?

1. Su padre es _ _ _ _ _ _ .

2. Su madre es _ _ _ _ _ _ _ _ _ .

3. Su hermano es _ _ _ _ _ _ _ .

4. Su tío es _ _ _ _ _ _ _ _ _ .

5. Su tía es _ _ _ _ _ _ _ _ _ .

11 En esta sopa de letras están escondidos los nombres de dieciséis profesiones. ¡Cuidado, están todas en masculino! Encuéntralas y con las letras que te sobren sabrás cuál es la profesión de Arturo.

```
C A R Q U I T E C T O E S
A B O M B E R O V E T F D
R E C A N T A N T E C O E
P P E S C A D O R R A N N
I P E L U Q U E R O R T T
N I D I R E C T O R T A I
T N A S A S T R E R E N S
E S C R I T O R I O R E T
R F O T O G R A F O O R A
O P I L O T O P I N T O R
```

Arturo _ _ _ _ _ _ _ _ _ _ _ _ .

Y a ti, ¿en qué te gustaría trabajar?

Las tiendas

la agencia de viajes

la papelería

el quiosco

la farmacia

la floristería

la frutería

la heladería

la joyería

la librería

la carnicería

la charcutería

la tienda de ropa

la tienda de deportes

la zapatería

la juguetería

la panadería

la pescadería

la pastelería

la perfumería

1 ¿Dónde compras estas cosas? Une con flechas los productos con las tiendas donde se compran.

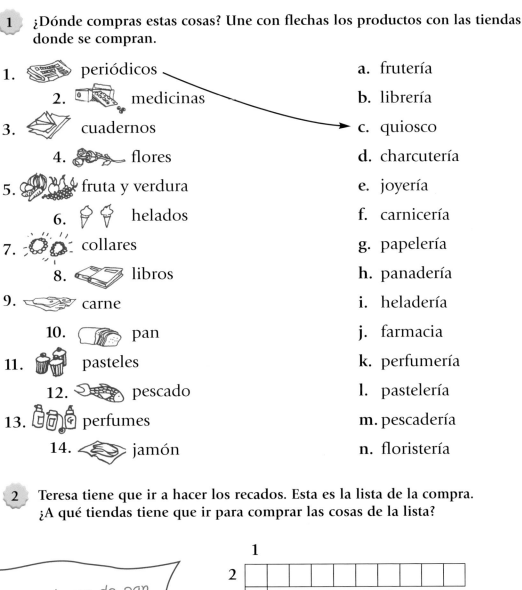

1. periódicos
2. medicinas
3. cuadernos
4. flores
5. fruta y verdura
6. helados
7. collares
8. libros
9. carne
10. pan
11. pasteles
12. pescado
13. perfumes
14. jamón

a. frutería
b. librería
c. quiosco
d. charcutería
e. joyería
f. carnicería
g. papelería
h. panadería
i. heladería
j. farmacia
k. perfumería
l. pastelería
m. pescadería
n. floristería

2 Teresa tiene que ir a hacer los recados. Esta es la lista de la compra. ¿A qué tiendas tiene que ir para comprar las cosas de la lista?

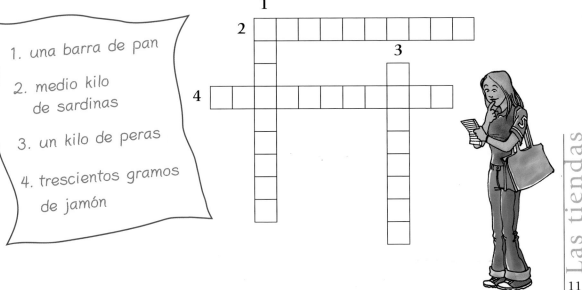

1. una barra de pan

2. medio kilo de sardinas

3. un kilo de peras

4. trescientos gramos de jamón

gramática

> El pescad**ero** / la pescad**era** vende pescado.
> El flor**ista** / la flor**ista** vende flores.
> *La profesión de la persona que vende en una tienda se puede llamar*
> *genéricamente* tendero *o* vendedor, *pero normalmente existe un nombre*
> *específico para cada tipo de tienda. Los sufijos más comunes para formar*
> *estos nombres son -ero/-era (que tiene masculino y femenino), -ista (que*
> *es invariable); algunos nombres son especiales, como* farmacéutico.

3 Completa estas frases con los nombres de las personas que venden los productos.

1. El .... vende jarabes.

2. Puedes comprarle flores a la .... de la plaza.

3. Conozco a un .... que vende zapatos muy baratos.

4. Pregúntale al .... cuánto cuesta ese anillo.

5. El pan que vende ese .... es buenísimo.

4 Indica cuál es la profesión de estos vendedores.

1. Vendo sardinas y mariscos.
   Soy ....
2. Julián tiene en su tienda libros de todo tipo.
   Es ....
3. Mi papá se levanta muy pronto para hacer tartas y pasteles.
   Es ....
4. Eva trabaja en la plaza vendiendo revistas y periódicos.
   Es ....
5. La señora Pepa tiene las peras muy baratas.
   Es ....
6. Los padres de Luisa venden una carne muy fresca.
   Son ....

5 Resuelve este crucigrama con la ayuda de las definiciones.

1. Vamos para planear las vacaciones y reservar los billetes.
2. Aquí compramos lo necesario para curar un resfriado.
3. Aquí encontraremos faldas y pantalones.
4. Podemos comprar cuadernos y bolis aquí.
5. Está lleno de periódicos y revistas.
6. Sobre todo en verano encontramos un dulce muy refrescante.

6 Mira los dibujos y haz este esquema. Después completa la frase con las letras de las casillas grises.

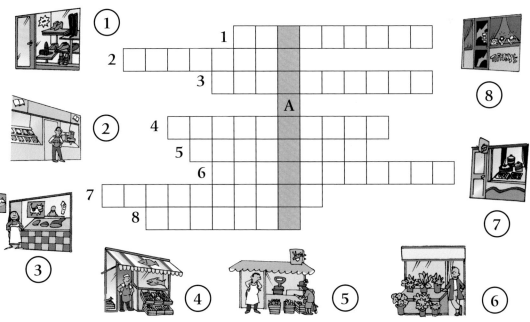

En la _ _ _ _ _ _ _ _ _ _ también se pueden comprar harina y levadura.

<u>gramática</u>

Para indicar dónde se encuentran las cosas, usamos las preposiciones o las locuciones preposicionales:

 junto a

 enfrente de

 a la izquierda de

 entre

 detrás de

a la derecha de

Existen dos maneras de hablar de la localización de las cosas:
La farmacia **está** junto a la pastelería.
Hay un quiosco enfrente de la charcutería.
En esta calle **hay muchas** tiendas.
Está/están *se usa para indicar dónde se encuentra un objeto determinado:* está *va acompañado siempre por un artículo determinado.*
Hay *se usa para hablar de la existencia de algo en un lugar: va acompañado por un artículo indeterminado, un número o "muchos", "pocos", etc.*

7 Sonia está hablando de las tiendas de su calle, ¿a cuáles se refiere?
Mira este dibujo y completa el texto.

La calle donde vivo está llena de tiendas. Hay dos .... y una .... que está enfrente de la librería. La ...., que es muy grande, está entre la farmacia y el .... Al final de la calle, a la derecha del quiosco, está la .... donde siempre voy a por el pan y, justo enfrente, hay una .... preciosa, que tiene toda clase de plantas.

8 Mira estos dibujos y completa las frases.

1. Juanjo está en la .... porque necesita algo contra el resfriado.

2. La señora Gómez ha ido a la .... para comprar unos embutidos.

3. Belén y Carlos están en la .... eligiendo un collar.

4. Cristina ha ido a la .... para reservar unas vacaciones en el Caribe.

9 Busca en esta sopa de letras los nombres de las tiendas que aparecen en esta unidad. Cuando los encuentres, completa la frase con las letras que te sobren.

T	I	E	N	D	A	D	E	D	E	P	O	R	T	E	S	C	T
I	I	E	Q	U	I	O	S	C	O	E	F	J	N	Z	D	H	A
E	H	E	L	A	D	E	R	I	A	S	R	O	F	A	P	A	S
N	P	A	P	E	L	E	R	I	A	C	U	Y	A	P	A	R	S
D	C	A	R	N	I	C	E	R	I	A	T	E	R	A	S	C	U
A	P	E	R	M	E	R	C	A	D	D	E	R	M	T	T	U	O
D	G	R	A	N	D	L	I	B	R	E	R	I	A	E	E	T	E
E	S	A	L	P	A	N	A	D	E	R	I	A	C	R	L	E	M
R	F	L	O	R	I	S	T	E	R	I	A	A	I	I	E	R	C
O	J	U	G	U	E	T	E	R	I	A	E	N	A	A	R	I	E
P	S	I	N	T	E	R	P	E	R	F	U	M	E	R	I	A	N
A	G	E	N	C	I	A	D	E	V	I	A	J	E	S	A	E	T

En lugar de ir a tantas _ _ _ _ _ _ _ distintas, mucha gente prefiere ir a comprar a un _ _ _ _ _ _ _ _ _ _ _ _ _ o a unos _ _ _ _ _ _ _ _ _ _ _ _ _ _ _ _ _ _. ¡Ahora se puede comprar incluso en _ _ _ _ _ _ _ _!

¿Adónde vas de compras normalmente?

Mobiliario

el sillón

el sofá

el tocador

la silla

la chimenea

la mesa

las cortinas

la alfombra

la lámpara

el perchero

la cama

la mesilla de noche

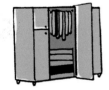
el armario

la cómoda

el espejo

el cuadro

el escritorio

la estantería

1 ¿Ves esta casa? En el piso de arriba y en el de abajo hay dos habitaciones distintas; ¿dónde están colocadas las cosas?

	PISO DE ARRIBA	PISO DE ABAJO
alfombra	✓	☐
estantería	☐	☐
espejo	☐	☐
mesilla de noche	☐	☐
armario	☐	☐
cortinas	☐	☐
sofá	☐	☐
cuadro	☐	☐
cama	☐	☐
chimenea	☐	☐

2 Mira estos objetos; al hacer el esquema encontrarás el nombre de la habitación en la que se encuentran normalmente.

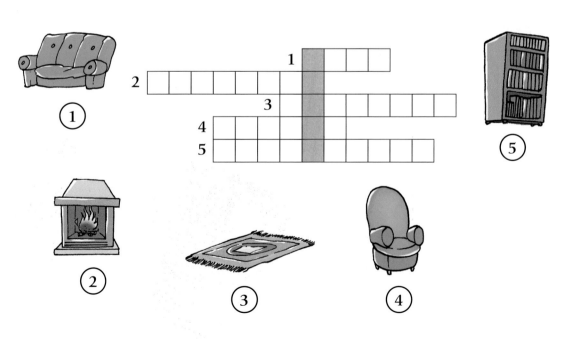

Normalmente están en el _ _ _ _ _.

Mobiliario

gramática

Para indicar dónde se encuentran las cosas, usamos también estas preposiciones o locuciones preposicionales:

 sobre/encima de la mesa

 **cerca de/junto a** la mesa

 bajo/debajo de la mesa

 **frente a/enfrente del** sofá

 en la pared

 entre las sillas

 tras/detrás de las cortinas

 **en el/dentro del** armario

 **alrededor de** la mesa

3 Mira estos dibujos y completa las frases.

1. Junto a la cama está la ....

2. Hay varias .... alrededor de la mesa.

3. Todos los libros están en la ....

4. Bajo la mesa hay una ....

5. En la ventana están las ....

6. En la pared hay un ....

7. El .... está detrás del sillón.

4 Imagina que esta es tu primera casa; ¿dónde pondrías los muebles?
Colócalos como más te guste.

5 Describe este salón; para ello, completa las frases con las preposiciones
y expresiones de lugar correctas. No olvides escribir también los artículos.

1. La planta está .... ventana.
2. .... ventana están colgadas las cortinas.
3. .... sofá hay una mesa.
4. El periódico está .... mesa.
5. La televisión está .... la chimenea y el sillón.
6. .... mesa hay una alfombra.
7. Hay dos cuadros .... pared.

6   Mira este dibujo y haz el crucigrama.

7 Resuelve estos anagramas y completa las frases.

1. MIRAOAR   La ropa se guarda en el ....

2. AMCA   Estoy agotado, me voy a la ....

3. AURDCO   Pablo está colgando un .... en la pared.

4. LILNOS   Mi abuelo duerme la siesta en el ....

5. SEJEPO   Laura se está peinando delante del ....

6. EHENCIMA En invierno me gusta sentarme al calor de la ....

8 En esta sopa de letras encontrarás las palabras de esta unidad.
Con las letras que te sobren, completa la frase.

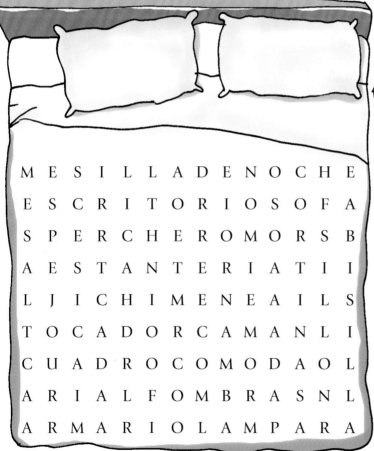

M	E	S	I	L	L	A	D	E	N	O	C	H	E
E	S	C	R	I	T	O	R	I	O	S	O	F	A
S	P	E	R	C	H	E	R	O	M	O	R	S	B
A	E	S	T	A	N	T	E	R	I	A	T	I	I
L	J	I	C	H	I	M	E	N	E	A	I	L	S
T	O	C	A	D	O	R	C	A	M	A	N	L	I
C	U	A	D	R	O	C	O	M	O	D	A	O	L
A	R	I	A	L	F	O	M	B	R	A	S	N	L
A	R	M	A	R	I	O	L	A	M	P	A	R	A

Todos estos objetos forman parte del _ _ _ _ _ _ _ _ _ _ O de mi casa.

¿Qué muebles tienes en tu dormitorio?

Mobiliario

21

En la cocina

 el plato

 el tenedor

 el cuchillo

la cuchara

 la cucharilla

 la taza

 el vaso

 la botella

 la balanza

 la sartén

 la cazuela

 el tostador

 la batidora

 la nevera

 el lavavajillas

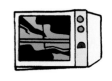 el microondas

1 En esta sopa de letras encontrarás los nombres de cuatro objetos; con las letras que te sobren, podrás completar la palabra que los incluye a todos.

```
C  C  U  C  H  I  L  L  O  U
B  T  E  N  E  D  O  R  I  E
C  U  C  H  A  R  I  L  L  A
R  T  O  C  U  C  H  A  R  A
```

Estos objetos son los _ _ _ _ _ _ _ _ S.

2 ¡Es hora de poner la mesa para la cena! ¿Cuáles de estos objetos necesitas?

	SÍ	NO
vaso	✓	
batidora		
plato		
balanza		
botella		
tostador		
cuchillo		
tenedor		
cuchara		

3 ¿Qué objetos se usan para llevar a cabo estas acciones? Descúbrelo resolviendo los anagramas.

1. Bebemos con un _ _ _ _.

2. Cortamos con un _ _ _ _ _ _ _ _.

3. Freímos en una _ _ _ _ _ _.

4. Hervimos el agua en una _ _ _ _ _ _ _.

ZALECUA

SAVO

RANSTE

HUCILOCL

gramática

Ángel está comiendo.

Estar + gerundio *es una perífrasis que indica, cuando* estar *se usa en presente, que una acción se desarrolla en el mismo momento en que se pronuncia la frase. El gerundio, en su forma regular, es así:*

cort-ar ➝ cort-ando   com-er ➝ com-iendo   bat-ir ➝ bat-iendo

También hay formas irregulares con cambios:

– en la vocal de la raíz del verbo

e – i   hervir ➝ hirviendo   freír ➝ friendo

o – u   dormir ➝ durmiendo

– en verbos de la segunda y tercera conjugación cuya raíz termina en vocal

i – y   caer ➝ cayendo, leer ➝ leyendo, oír ➝ oyendo, ir ➝ yendo

4 **Completa estas frases con el verbo "estar".**

1. Yo .... bebiendo un batido de frutas.

2. Tú .... poniendo la mesa.

3. Él .... cortando el pan.

4. Nosotros .... friendo patatas.

5. Vosotras .... comiendo en la cocina.

6. Ellos .... cocinando una paella.

5 **Mira estos dibujos y, usando los verbos entre paréntesis, escribe la forma correcta de "estar + gerundio".**

1. Santiago .... una cerveza. *(beber)*

2. María .... unas rodajas de salchichón. *(cortar)*

3. Mi madre .... unas patatas para cenar. *(freír)*

4. Los niños .... la mesa. *(quitar)*

6 ¿Qué está usando Lucía? Lee lo que está haciendo y resuelve estos anagramas para adivinarlo.

1. Está pesando el azúcar.   LANABAZ _ _ _ _ _ _ _

2. Está metiendo en ella la leche para que esté fresca.   REVANE _ _ _ _ _ _

3. Está haciendo un batido de fresa.   TADARBIO _ _ _ _ _ _ _ _

4. Está haciendo unas tostadas.   TRADSOTO _ _ _ _ _ _ _ _

5. Está cortando el pan.   LHUCICLO _ _ _ _ _ _ _ _

7 ¿Qué hay en la cocina?

1. ....

2. ....

3. ....

4. ....

5. ....

6. ....

7. ....

8 ¿Qué utilizas para hacer estas cosas?

1. Para darle vueltas al café uso una ....

2. Para pesar la harina uso una ....

3. Para cortar la carne uso un ....

4. Para beber un café con leche uso una ....

5. Para freír un huevo uso una ....

6. Para cocer la pasta uso una ....

9 Haz este esquema con la ayuda de los dibujos; después podrás leer en las casillas grises un sinónimo de "hacer de comer".

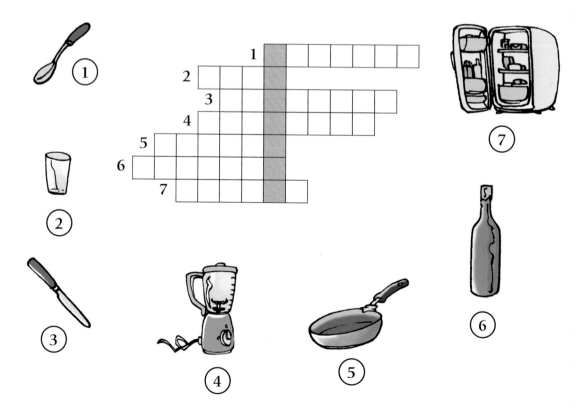

10 Resuelve este crucigrama con los nombres de estos objetos.

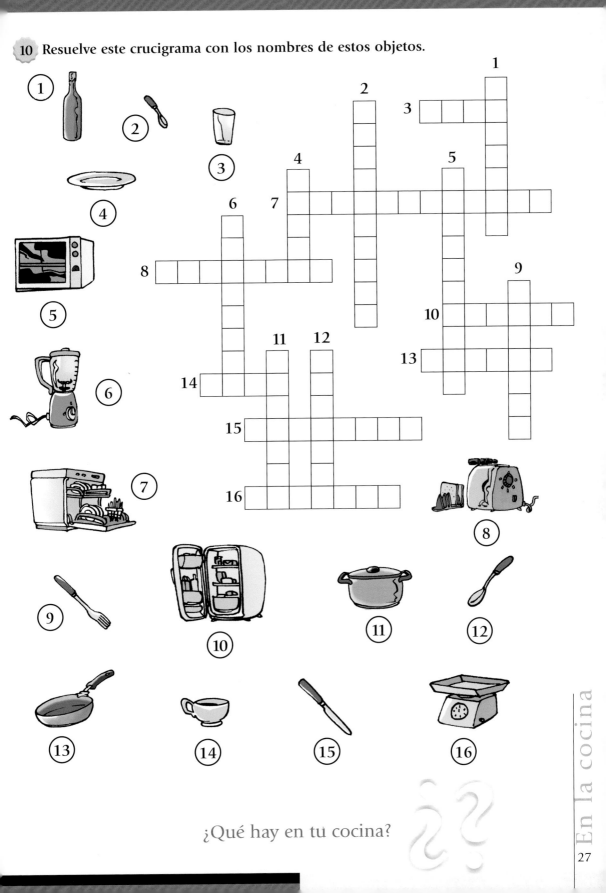

¿Qué hay en tu cocina?

En el cuarto de baño

 el lavabo

 el grifo

 la ducha

 la bañera

 el espejo

 el jabón

 la esponja

 el gel de baño

 el champú

 el peine

 el cepillo

 el cepillo de dientes

 el dentífrico

 el secador

 la toalla

 el albornoz

 el váter

 el papel higiénico

 la báscula

 la lavadora

1 Mira estos dibujos y haz el crucigrama.

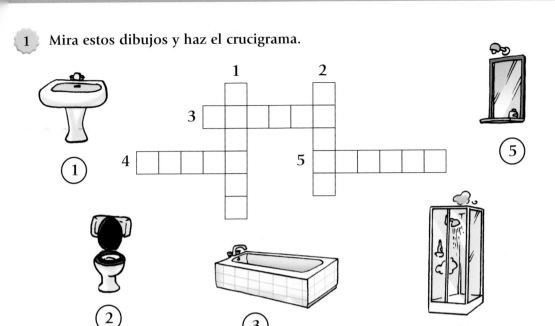

2 Manolo se está preparando para unas cortas vacaciones.
¿Qué se lleva? Escribe los nombres de lo que necesita.

1. ....
2. ....
3. ....
4. ....
5. ....
6. ....

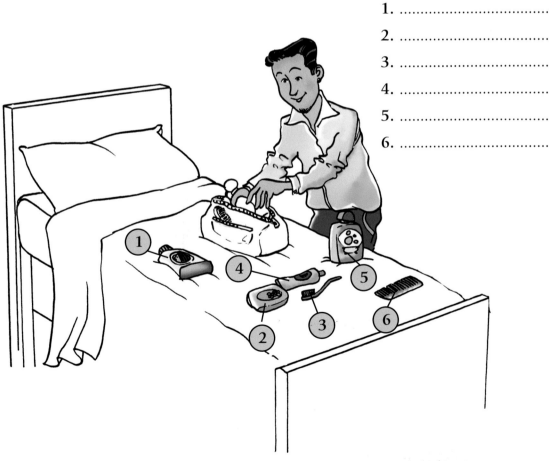

En el cuarto de baño

gramática

El lavabo **está** limpio.

La bañera **es** blanca.

Para describir las cosas, es decir, para indicar una cualidad o característica suya, se pueden usar:

– el verbo ser *+ adjetivo cuando hablamos de una cualidad característica del objeto, que no cambia*

– el verbo estar *+ adjetivo cuando hablamos de una cualidad pasajera del objeto, es decir: que puede cambiar*

3 Mira los dibujos y completa las frases.

1. Esta _ _ _ _ _ _ es muy grande.

2. Estas _ _ _ _ _ _ _ están limpias.

3. El _ _ _ _ _ _ _ _ _ que he comprado es verde.

4. La _ _ _ _ _ _ _ está llena de ropa.

5. Este _ _ _ _ _ _ es nuevo.

4 Completa estas frases con el verbo "ser" o "estar".

1. No puedes usar el secador porque .... estropeado.

2. El albornoz que he comprado .... muy suave.

3. Este espejo .... sucio.

4. La lavadora .... vacía.

5. Mi báscula .... muy precisa.

6. No me gusta peinarme con este cepillo porque .... muy duro.

7. Mi cepillo de dientes .... azul.

5 Mira estos dibujos y escribe en el crucigrama los objetos de cada acción.

① secarse

② pesarse

③ peinarse

④ lavarse el pelo

⑤ lavarse los dientes

⑥ lavarse

⑦ secarse el pelo

⑧ mirarse

6 ¿De qué objeto se trata? Para saberlo, resuelve estos anagramas.

1. Si no lavas la ropa a mano, la lavas en la _ _ _ _ _ _ _ _. ADARLOVA

2. Si quieres que salga agua tienes que abrir el _ _ _ _ _. ROFGI

3. Si no nos peinamos con el peine, nos peinamos con el _ _ _ _ _ _ _. PEOLCIL

4. Si quieres saber cuánto pesas tienes que subirte en la _ _ _ _ _ _ _. SACALBU

7 Completa estas frases con la ayuda de los dibujos.

1. Carmen se está lavando la cara con la _ _ _ _ _ _ _.

3. Pablo está arreglando el _ _ _ _ _.

2. Sandra está llenando la _ _ _ _ _ _ para darse un baño.

4. Felipe está echando _ _ _ _ _ _ _ _ _ en el _ _ _ _ _ _ _ _ _ _ _ _ _ _ _.

8 Haz este esquema con los nombres de estos objetos. Con las letras de las casillas grises podrás completar la frase.

El cuarto de baño se puede llamar también _ _ _ _ _ _ _ _.

32

9 ¿Qué hay en este cuarto de baño? Escribe el nombre de cada cosa en su recuadro.

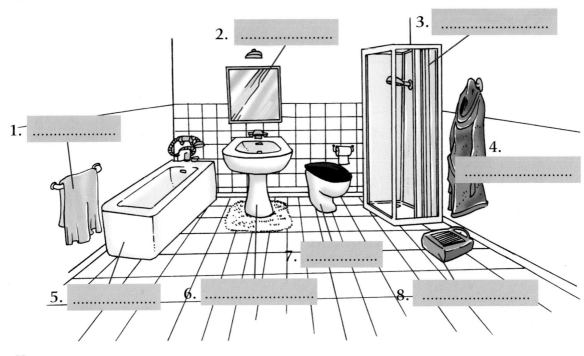

2. ....

3. ....

1. ....

4. ....

5. ....

6. ....

7. ....

8. ....

10 Busca en esta sopa de letras veinte palabras relacionadas con el cuarto de baño; después, con las letras que te sobren, podrás completar la frase.

```
C E P I L L O D E D I E N T E S
A N S E C A D O R A T S G C U J
L R A L A V A B O L E P R H T A
B A Ñ E R A P E I N E E I A O B
O Z G E L D E B A Ñ O J F M A O
R A E S P O N J A A H O O P L N
N O R R A R B A S C U L A U L R
O D U C H A A C E P I L L O A G
Z D E N T I F R I C O V A T E R
P A P E L H I G I E N I C O U A
```

¡Protege la _ _ _ _ _ _ _ _ _ _ _ _! Para _ _ _ _ _ _ _ _
_ _ _ _, dúchate en lugar de bañarte.

¿Cuántos servicios hay en tu casa?

La ropa II

el anorak

el cárdigan

el chaquetón

los trajes

el chaleco

el chándal

las zapatillas
de deporte

los calcetines

los pantalones
cortos

los bóxer

los pantys

los calzoncillos

el sujetador

las braguitas

las sandalias

las botas

1 ¿Qué llevan puesto?

1. Hace calor y Carlos lleva una camiseta, unos
_ _ _ _ _ _ _ _ _ _ _ _ _ _ _ _ _ y unas _ _ _ _ _ _ _ _ _.

2. Andrea va a hacer deporte; por eso se ha
puesto un _ _ _ _ _ _ _ y unas
_ _ _ _ _ _ _ _ _ _ _ _ _ _ _ _ _ _ _.

3. Los señores Ramos se están preparando para una cena
importante: se ponen sus mejores _ _ _ _ _ _ _.

4. Como hace bastante frío, Valentina se
ha puesto las _ _ _ _ _ y el _ _ _ _ _ _.

2 Mira estos dibujos y haz el crucigrama; después, ordenando las letras de las casillas grises, completa la frase.

Todas estas son prendas
de ropa _ _ _ _ _ _ _ _.
  1 2 3 4 5 6 7 8

Para comparar las cosas podemos usar:
– el comparativo de igualdad, tan + adjetivo/adverbio + como
– el comparativo de desigualdad, más/menos + adjetivo/adverbio + que
Este sujetador es **tan** bonito **como** ése.
El chaquetón es **más** caro **que** el cárdigan.
Las sandalias son **menos** caras **que** las botas.

Hay comparativos especiales para algunos adjetivos y adverbios:
bueno/a, bien →mejor
malo/a, mal→ peor
grande →mayor
pequeño/a→menor
Nota: mayor *y* menor *se usan normalmente para hablar de la edad de las personas; para el tamaño de las cosas se prefiere* más grande/más pequeño.

Mi chándal es mejor que el chándal de Daniel.
Mi chándal es mejor que **el** de Daniel.
Para evitar repeticiones, se suprime el sustantivo y se usa sólo el artículo.

3 Completa estas frases con la ayuda de los dibujos.

1. El .... es más elegante que el chándal.

2. Las .... son más cómodas que los zapatos de tacón.

3. Este .... es tan caliente como mi abrigo.

4. Para ir a una boda, un .... es más adecuado que unos pantalones cortos.

4 Completa estas frases de forma que no repitas los sustantivos.

1. ¿Qué calcetines prefieres, ... blancos o .... azules?
2. Hoy no me pongo las sandalias rojas, sino .... marrones.
3. Con esta falda quedan mejor los pantys negros que .... verdes.
4. Mi chaleco es menos elegante que .... tuyo.

5 Observa estos dibujos y escribe frases como la del ejemplo, usando los adjetivos de la lista.

elegante – grande – corto – viejo – cómodo – caro

El traje azul es más elegante que el gris.

1. ....
....

2. ....
....

3. ....
....

4. ....
....

5. ....
....

6 Adivina, adivinanza...

1. Si me cerraran por delante, me convertiría en un jersey:
soy un ....

2. Me llevas cuando quieres ponerte en forma:
soy un ....

3. ¡Las botas no dejan que se te vean los pies, pero nosotras sí!:
somos las ....

7 ¿Para él, para ella o para ambos?

	PARA ÉL	PARA ELLA	PARA AMBOS
el traje	☐	☐	✓
el chaquetón	☐	☐	☐
el sujetador	☐	☐	☐
los pantalones cortos	☐	☐	☐
el chaleco	☐	☐	☐
los calcetines	☐	☐	☐
el cárdigan	☐	☐	☐
los pantys	☐	☐	☐
las braguitas	☐	☐	☐
el chándal	☐	☐	☐
los calzoncillos	☐	☐	☐
las botas	☐	☐	☐

8 En esta sopa de letras encontrarás doce palabras de esta unidad. Con las letras que te sobren, completa la frase.

```
C  A  L  C  E  T  I  N  E  S  P  A
N  N  T  A  L  C  H  A  L  E  C  O
B  O  T  A  S  H  B  O  X  E  R  O
T  R  A  J  E  A  P  A  N  T  Y  S
C  A  L  Z  O  N  C  I  L  L  O  S
N  K  C  A  R  D  I  G  A  N  E  S
C  O  R  B  R  A  G  U  I  T  A  S
S  A  N  D  A  L  I  A  S  T  O  S
```

Son los pantalones ideales para el verano:

_ _ _ _ _ _ _ _ _ _   _ _ _ _ _ _.

9 Resuelve este crucigrama con los nombres de las prendas ilustradas.

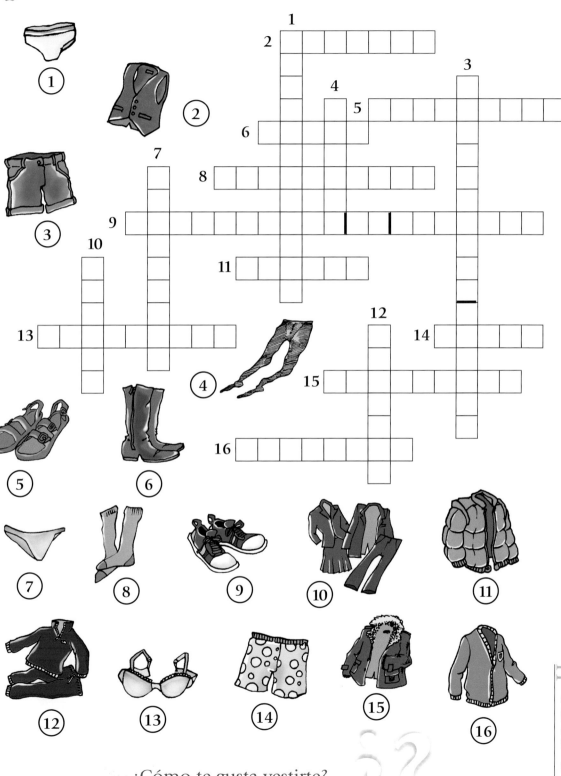

¿Cómo te gusta vestirte?

Los accesorios

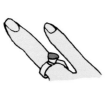

el anillo

la pulsera

el collar

el broche

los pendientes

el reloj

las gafas

el bolso

la cartera

el cinturón

los tirantes

el sombrero

el foulard

el pañuelo

el paraguas

la bufanda

los guantes

1 En esta sopa de letras hay cinco palabras; encuéntralas y con las letras que te sobren completa la frase.

```
J   A   N   I   L   L   O
P   U   L   S   E   R   A
C   O   L   L   A   R   O
Y   B   R   O   C   H   E
R   E   L   O   J   A   S
```

Todos estos objetos son _ _ _ _ _.

2 Estas personas están a punto de salir. ¿Qué están cogiendo? Escribe los nombres de los objetos con sus artículos.

1. ....

2. ....

3. ....

4. ....

5. ....

6. ....

gramática

Raúl regala a Beatriz una bufanda.
Raúl **le** regala una bufanda.
Él se la regala.

Usamos los pronombres personales para sustituir a los nombres o partes de una frase; en este cuadro encontrarás los pronombres personales sujeto, complemento directo y complemento indirecto.

sujeto	complemento directo	complemento indirecto
yo	me	me
tú	te	te
él/ella	lo (le)/la	le (se)
nosotros/as	nos	nos
vosotros/as	os	os
ellos/as	los (les)/las	les (se)

El complemento indirecto siempre se coloca delante del complemento directo. Cuando dos pronombres complemento aparecen en una misma frase y el pronombre complemento indirecto es una tercera persona, le *y* les *se transforman en* se.
Nota: le, les *pueden ser pronombre complemento directo de tercera persona sustituyendo a* lo, los *únicamente cuando se refieren a personas del género masculino, y no a cosas.*

3 Mira los dibujos y completa las preguntas y las respuestas con el objeto y los pronombres adecuados.

1. Está lloviendo. ¿Juan ha cogido el ....?
   Sí, ... ha cogido.

2. ¿Antonio ha regalado a Concha unos ....?
   Sí, ... los ha regalado.

3. ¿Quién te ha prestado ese ....?
   .... lo ha prestado mi primo.

4. ¿Quién te ha regalado esa .... tan bonita?
   Me .... ha regalado mi hermano.

gramática

Amalia **se** pone un foulard para salir.

Yo **me** quito las gafas para ir a dormir.

Los pronombres reflexivos indican que el sujeto dirige la acción del verbo a sí mismo. Estos pronombres son los siguientes.

yo	**me**	pongo
tú	**te**	pones
él/ella	**se**	pone
nosotros/as	**nos**	ponemos
vosotros/as	**os**	ponéis
ellos/as	**se**	ponen

4 ¿Qué hacen estas personas? Mira los dibujos y completa con el pronombre y el objeto adecuado.

Óscar .....*se*..... pone las ...*gafas*.... para leer.

1. La señora Martínez .... quita los ....

2. Yo .... coloco un .... en la chaqueta.

3. Clara .... mete un .... en el dedo.

4. Vosotros .... quitáis el ....
cuando entráis en casa.

5 Haz este crucigrama.

1. Te lo pones en la cabeza.

2. Nos la ponemos en la muñeca.

3. Te lo metes en el dedo.

4. Lo usamos cuando llueve.

5. Nos lo ponemos en el cuello.

6. En esta sopa de letras encontrarás diez palabras; con las letras que te sobren podrás completar la frase. →↓←↑

```
P E N D I E N T E S E
A H A R E S L U P R C
N C L R E G A L O E O
I O S L O B I D E L L
L R G U A N T E S O L
L B C A R T E R A J A
O F O U L A R D A L R
```

Son _ _   _ _ _ _ _ _   _ _ _ _ _.

7. Resuelve este crucigrama con la ayuda de los dibujos. Después, ordenando las letras de las casillas grises, completa la palabra que significa lo mismo que "accesorios".

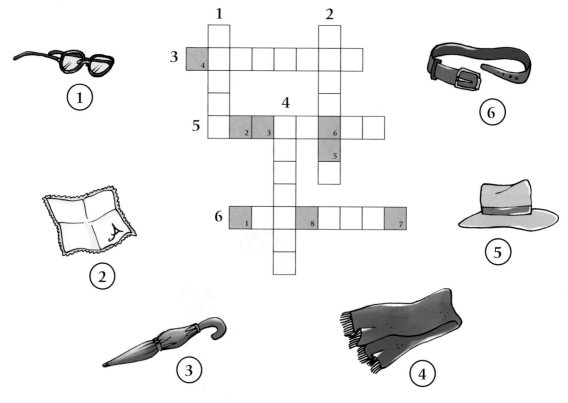

_ _ _ _ _ E M _ _ _ O S
1 2 3 4 5   6 7 8

8 Resuelve estos anagramas y une las palabras resultantes con sus definiciones.

1. Te dice qué hora es.

2. Con él no se te caen los pantalones.

3. Lo usas para sonarte la nariz.

4. Te protege de la lluvia.

5. En ella guardas tu dinero.

a. ÑALEPUO _ _ _ _ _ _ _

b. NINURCOT _ _ _ _ _ _ _ _

c. TARCREA _ _ _ _ _ _ _

d. LEJRO _ _ _ _ _

e. SARAPUGA _ _ _ _ _ _ _ _

9 Busca las dieciséis palabras que están escondidas en esta sopa de letras. Con las letras que sobren, completa la frase.

```
C Q P E N D I E N T E S U
I B U F A N D A R I E O G
N O L O C A R T E R A M U
T L S U O R R I L A N B A
U S E L L A G A O N I R N
R O R A L F A S J T L E T
O P A R A G U A S E L R E
N N U D R E V A S S O O S
B R O C H E P A Ñ U E L O
```

_ _ _ _ _ _ _ unas _ _ _ _ _
_ _ _ _ _ _, por favor.

¿Cuáles son tus accesorios favoritos?

Alimentos y bebidas II

el aceite

el vinagre

la sal

la pimienta

el azúcar

la mermelada

la miel

las galletas

la tarta

el bocadillo

el salchichón

el jamón

el yogur

el cava

la cerveza

el zumo

1 Encuentra las seis palabras escondidas en esta sopa de letras y después escribe la pregunta... ¿sí o no?

```
E  M  I  E  L  R  T  E  S
M  E  R  M  E  L  A  D  A
U  N  Y  O  G  U  R  G  O
L  G  A  L  L  E  T  A  S
O  S  A  Z  U  C  A  R  O
```

SÍ NO

¿_ _ _ _ _ _ _ _ _ _ _ _? ☐ ☐

2 Haz este crucigrama... líquido.

gramática

> Se usan aceite y vinagre para aliñar la ensalada.
>
> Se necesita azúcar para hacer una tarta.
>
> Se dice que la miel es muy saludable.
>
> *El pronombre reflexivo de tercera persona "se" expresa impersonalidad.*
>
> *Expresamos la acción, pero no conocemos o no nos interesa quién la hace.*

3 **Completa estas frases con los nombres de los productos adecuados.**

1. En los cumpleaños se come siempre una _ _ _ _ _.

2. Para desayunar se puede tomar pan tostado con
_ _ _ _ _ _ _ _ _ o también _ _ _ _ _ _ _ _.

3. Para hacer un _ _ _ _ _ _ _ _ _ se necesitan pan y,
por ejemplo, _ _ _ _ _ _ _ _ _ _ o _ _ _ _ _.

4. No se debe usar demasiada _ _ _ con las comidas.

4 **Ahora, completa estas frases con la forma impersonal de los verbos entre paréntesis y el nombre de los productos.**

1. El _ _ _ _ .... (beber) tanto en verano como en invierno.

2. Para que esté más rico, el _ _ _ _ _ .... (cortar)
en lonchas muy finas.

3. El _ _ _ _ .... (servir) en copas y la _ _ _ _ _ _
en jarras.

4. Para hacer esta _ _ _ _ _ .... (necesitar)
harina, chocolate y mantequilla.

5. En la nevera .... (meter) el _ _ _ _ _
para mantenerlo fresco.

5 ¿Adivinas qué es? Escribe tus respuestas añadiendo también el artículo.

1. Es una bebida alcohólica con mucha espuma: ....
2. Se obtiene de las aceitunas: ....
3. Nos la regalan las abejas: ....
4. También está en el agua del mar: ....
5. Es una especia y la hay de varios tipos: negra, blanca o verde:
   ....
6. Lo comemos relleno de varias cosas como queso y jamón:
   ....

6 Hoy Paula ha ido a hacer los recados. ¿Qué ha comprado?

1. ....
2. ....
3. ....
4. ....
5. ....
6. ....
7. ....
8. ....
9. ....
10. ....

Alimentos y bebidas II

7 ¿Dónde se guardan? Escribe los nombres de los productos en la lista adecuada.
galletas – miel – aceite – cava – yogur – sal – zumo – cerveza

ALACENA

....
....
....
....
....

NEVERA

....
....
....
....
....

8 ¿A qué productos corresponden estos envases y medidas?
Únelos y ten en cuenta que en algunos casos existen varias posibilidades.

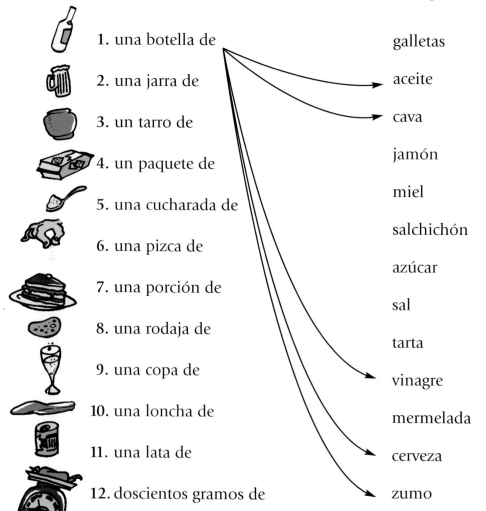

1. una botella de   galletas

2. una jarra de   aceite

3. un tarro de   cava

4. un paquete de   jamón

5. una cucharada de   miel

6. una pizca de   salchichón

7. una porción de   azúcar

8. una rodaja de   sal

9. una copa de   tarta

10. una loncha de   vinagre

11. una lata de   mermelada

12. doscientos gramos de   cerveza

                             zumo

9 ¿Eres capaz de hacer este crucigrama?

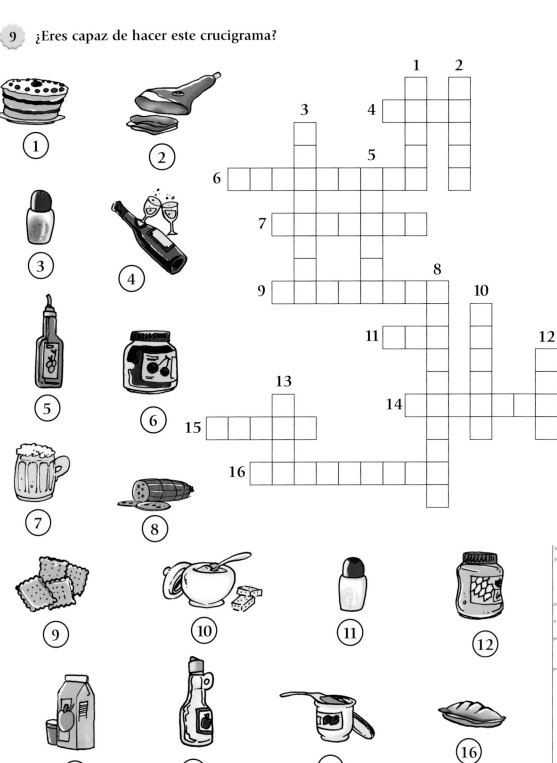

¿Qué te gusta comer y beber para merendar?

Alimentos y bebidas II

51

La fruta

 la manzana

 la pera

 el plátano

 la naranja

 el limón

 el kiwi

 la fresa

 la cereza

 la piña

 el pomelo

 la ciruela

 las uvas

 el albaricoque

 el melocotón

 la sandía

 el melón

 la mandarina

 el higo

1 Haz este crucigrama.

2 ¿De qué color son?
¡Cuidado! Algunos tipos de fruta pueden tener más de un color.

plátano – albaricoque – cereza – limón – naranja – fresa – pomelo
piña – melón – sandía – melocotón – mandarina

amarillo	naranja	rojo
....	....	....
....	....	....
....	....	....
....	....	....
....	....	....

3 ¿Qué frutas dan?

1. El manzano da _ _ _ _ _ _ _ _.

2. El peral da _ _ _ _ _.

3. El cerezo da _ _ _ _ _ _ _.

4. El melocotonero da _ _ _ _ _ _ _ _ _ _ _.

5. El ciruelo da _ _ _ _ _ _ _ _.

6. El limonero da _ _ _ _ _ _ _.

gramática

Querría medio kilo de **estas** uvas.   Querría **aquellos** plátanos.
Querría **ese** melón.   ¿Qué es **eso**? ¿Es una fruta?

El demostrativo expresa relaciones de distancia tanto en el espacio como en el tiempo. Existen tres grados de distancia que, en el caso de la distancia en el espacio, se pueden combinar con los adverbios aquí, ahí, allí.

Este esquema explica las distancias.

 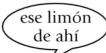 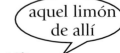

Esisten las formas femenina, masculina y neutra de los demostrativos. El neutro lo usamos para cosas cuyo nombre no conocemos, y sólo tiene forma singular.

masculino		femenino		neutro
singular	plural	singular	plural	
este	estos	esta	estas	esto
ese	esos	esa	esas	eso
aquel	aquellos	aquella	aquellas	aquello

4 ¿Qué está comprando Julia? Completa con los demostrativos adecuados y escribe el nombre de las frutas.

Julia: Querría medio kilo de .... <u>n</u> _ _ _ _ _ _ _ de ahí.
Y, ... <u>p</u> _ _ _ _ de aquí, ¿son buenas?

Vendedora: Sí, son muy dulces.

Julia: También cojo cinco de .... <u>k</u> _ _ _ _ de ahí, pero que no estén demasiado maduros, por favor. Y luego...

Vendedora: ¿Qué le parecen .... <u>f</u> _ _ _ _ _ de aquí?
Tienen un olor estupendo.

Julia: Muy bien, me las llevo. ¿Está maduro .... <u>m</u> _ _ _ _?
Desde aquí no lo veo bien, pero parece que sí.

Vendedora: Sí, está listo para comer.

Julia: Estupendo, entonces lo compro. Nada más, ¿cuánto es?

5 Completa estas frases con los adjetivos adecuados, y recuerda la concordancia de género y número.

rojo – verde – bueno – dulce – amargo – amarillo – maduro – negro

1. Las uvas pueden ser .... o ....
2. Los limones son ....
3. No me gustan estos pomelos, son demasiado ....
4. Las fresas son de color ....
5. Hay que tirar estos plátanos, ya no son ....
6. Ayer los melocotones estaban verdes, hoy ya están ....
7. Estas peras son muy ....

6 Julia está preparando una macedonia deliciosa. ¿Qué fruta usa?

1. ....   7. ....
2. ....   8. ....
3. ....   9. ....
4. ....   10. ....
5. ....   11. ....
6. ....   12. ....

7 Aquí tienes dos esquemas; haciéndolos, podrás completar las frases.

A

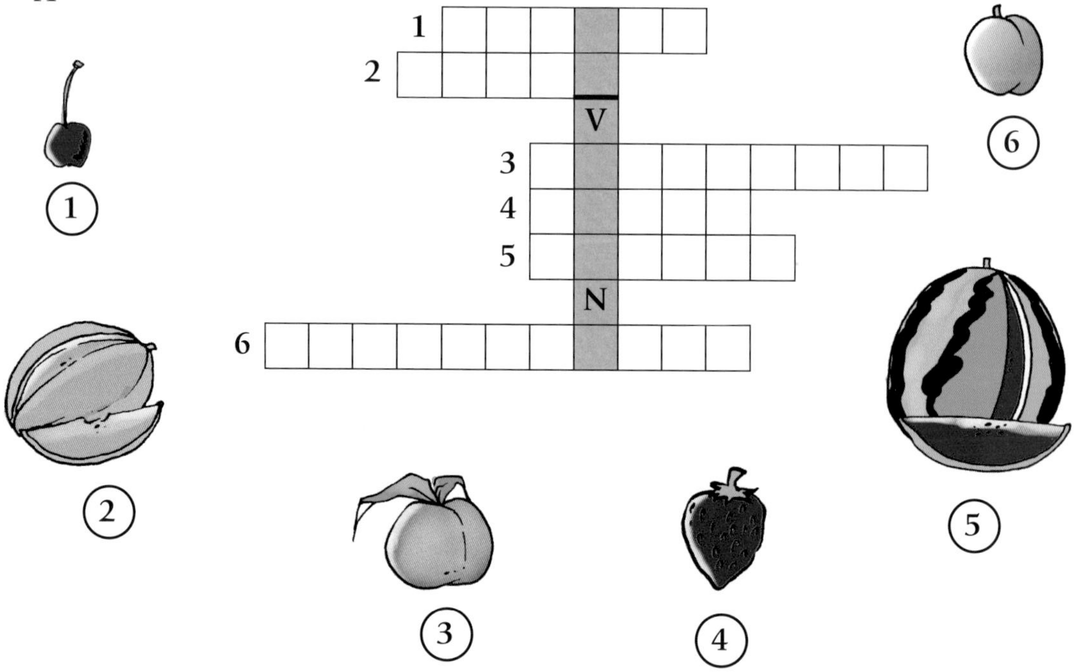

1 [ ][ ][ ][ ][ ][ ][ ]

2 [ ][ ][ ][ ][ ]

V

3 [ ][ ][ ][ ][ ][ ][ ][ ]

4 [ ][ ][ ][ ][ ]

5 [ ][ ][ ][ ][ ][ ]

N

6 [ ][ ][ ][ ][ ][ ][ ][ ][ ][ ][ ]

① ② ③ ④ ⑤ ⑥

Esta fruta se come _ _ _ _ _ _ _ _.

B

1 [ ][ ][ ][ ][ ][ ]

2 [ ][ ][ ][ ]

3 [ ][ ][ ][ ]

4 [ ][ ][ ][ ][ ]

5 [ ][ ][ ][ ]

6 [ ][ ][ ][ ][ ][ ][ ]

① ② ③ ④ ⑤ ⑥

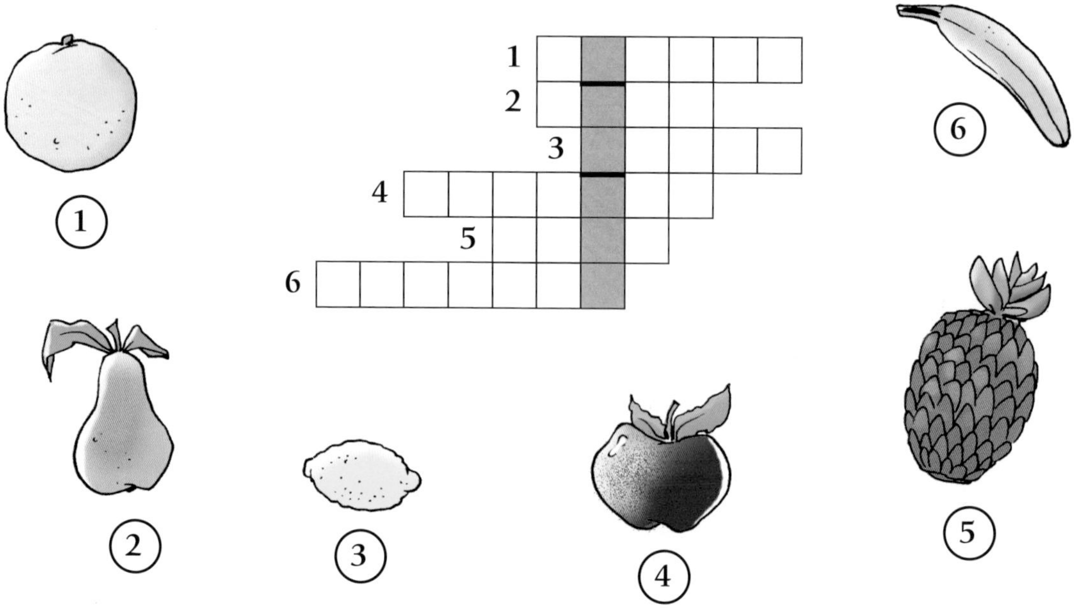

En cambio, esta fruta la puedes comprar durante tod_ _ _ _ _ _.

8 ¿De dónde vienen estas frutas? Completa con el sufijo adecuado para cada demostrativo.

Est.os. plátanos. son de Brasil.

1. Aqu..... .... son de Inglaterra.

2. Est..... .... son de España.

3. Est..... .... son de Italia.

4. Es..... .... son de Nueva Zelanda.

5. Aqu..... .... es de Francia.

9 En esta sopa de letras encontrarás las dieciocho palabras de esta unidad; con las letras que te sobren, podrás leer un buen consejo.

M	A	N	D	A	R	I	N	A	M	M
A	L	B	A	R	I	C	O	Q	U	E
N	U	C	P	O	M	E	L	O	H	L
Z	C	A	S	V	E	R	K	F	N	O
A	I	I	P	T	L	E	I	R	A	C
N	R	H	I	G	O	Z	W	E	R	O
A	U	A	Ñ	M	N	A	I	S	A	T
P	E	R	A	P	L	A	T	A	N	O
I	L	L	I	M	O	N	N	A	J	N
S	A	N	D	I	A	S	U	V	A	S

Debes comer fruta todos los días porque tiene _ _ _ _ _ _   _ _ _ _ _ _ _ _ _.

¿Cuál es tu fruta favorita?

La verdura

la patata   el tomate   las setas   la lechuga

el pimiento   la coliflor   la berza   la berenjena

    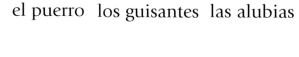

el puerro   los guisantes   las alubias   los espárragos   la zanahoria

las espinacas   la alcachofa   el apio   la cebolla   el ajo

1 Encuentra las cuatro palabras escondidas en esta sopa de letras y completa la frase con las letras que sobran.

Z A N A H O R I A B A

J O T J I P A T A T A

C E B O L L A E R R A

Estas verduras crecen _ _ _ _ _ _ _ _ _ _.

2 Haz este crucigrama y completa la frase con las letras de las casillas grises.

Una persona que no come carne es V_ _ _ _ _ _ _ _ _ A.
 1 2 3 4 5 6 7 8 9

gramática

¿**Cuánto** apio quiere?

¡**Cuántos** tomates hay aquí!

El adjetivo interrogativo y exclamativo cuánto *se usa para pedir a alguien que especifique la cantidad de algo en el primer caso, y para expresar sorpresa por la cantidad de algo en el segundo caso.*

Este adjetivo concuerda en género y número con el sustantivo, por lo que toma las desinencias -o, -os, -a, -as.

¿**Cuánto** es?

¡Cuánto pesan estas verduras!

Cuánto *también puede ser adverbio; en este caso precede a un verbo y es invariable.*

---

3 Completa estas frases con los nombres de los dibujos y con "cuánto". Recuerda que, si es adjetivo, concuerda con el sustantivo.

1. ¿.................... _ _ _ _ necesitas para la cena?

2. ¿.................... cuestan estos _ _ _ _ _ _ _ ?

3. ¡.................... _ _ _ _ _ _ _ _ has comprado!

4. ¿.................... _ _ _ _ _ _ _ preparo para la ensalada?

5. ¡.................... _ _ _ _ _ _ _ _ _ hay en esta huerta!

6. ¡.................... pesa esta _ _ _ _ _ _ _ !

7. ¿................ kilos de _ _ _ _ _ _ _ le pongo?

8. Voy al supermercado. ¿.................... _ _ _ _ _ _ _ _ _ _ te traigo?

4 En esta sopa de letras hay siete palabras de esta unidad; encuéntralas y descubrirás un sinónimo de verduras.

```
H  B  E  S  P  I  N  A  C  A  S
O  E  S  P  A  R  R  A  G  O  S
R  R  T  A  P  U  E  R  R  O  L
I  Z  G  U  I  S  A  N  T  E  S
Z  A  A  C  O  L  I  F  L  O  R
```

También pueden llamarse _ _ _ _ _ _ _ _ _ S.

5 Haz este esquema y luego completa la frase.

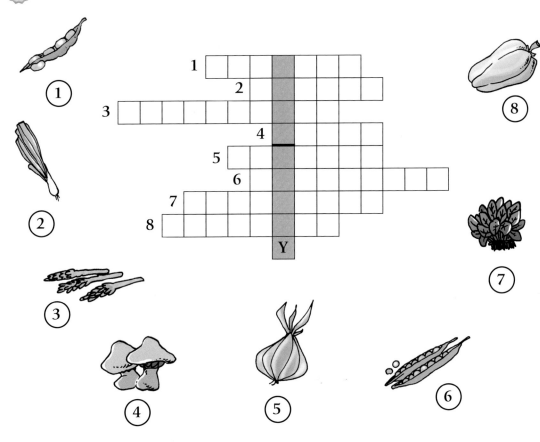

A _ _ _ _ _ _ _ _ _ le encanta una verdura. ¿Cuál es?

¡La .... HARAZOANI!

6 ¿Ves esta gran olla? La señora Alonso va a preparar una minestra; escribe los nombres de las verduras que va a utilizar.

1. ....
2. ....
3. ....
4. ....
5. ....
6. ....
7. ....
8. ....
9. ....

7 ¿Qué es? Escribe el nombre de las verduras con su artículo.

1. Los hay de muchos colores: rojos, verdes, amarillos e incluso de color naranja. ....
2. Blanca por dentro y morada por fuera, ¿qué es? ....
3. Algunas son blancas/amarillas y otras rojas; ¡cuidado, algunas pican! ....
4. Se pueden cocinar de muchas formas distintas, pero sobre todo nos encantas fritas. ....
5. Son pequeños, verdes y redondos como canicas. ....
6. Tienen un tallo y un sombrero y las encontrarás en los bosques cuando hay humedad... pero ¡cuidado, no las cojas, pueden ser venenosas! ....

8 Haz este crucigrama.

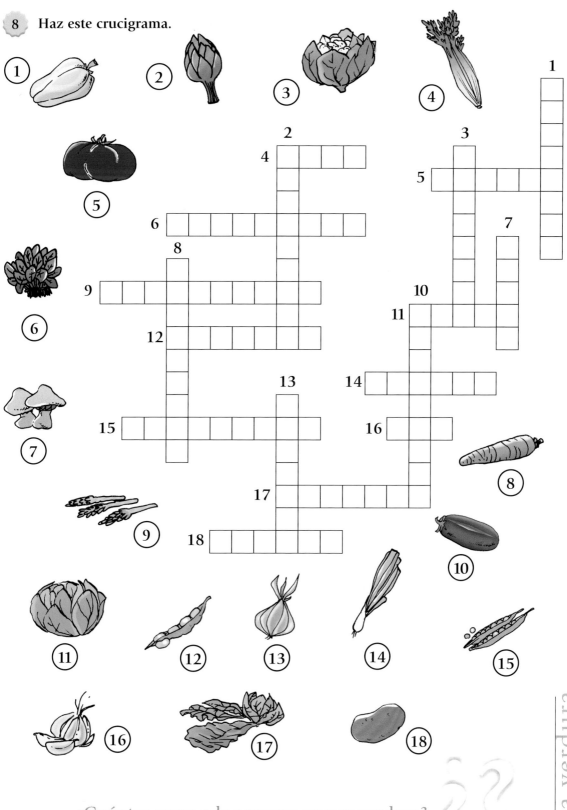

¿Cuántas veces a la semana comes verdura?

En la playa

la playa

la arena

la ola

las rocas

la sombrilla

la tumbona

la toalla

la caseta

el socorrista

el bañador

la gorra

las gafas de sol

las chancletas

la crema solar

la colchoneta

el flotador

la máscara

las aletas

1 ¿Qué cosas puedes llevarte a la playa? Diez de ellas están escondidas en esta sopa de letras; encuéntralas y después completa la frase con las letras restantes.

```
T  L  A  P  F  L  O  T  A  D  O  R
O  B  A  Ñ  A  D  O  R  A  P  E  A
A  L  G  A  F  A  S  D  E  S  O  L
L  C  O  L  C  H  O  N  E  T  A  E
L  C  R  E  M  A  S  O  L  A  R  T
A  E  R  R  A  M  A  S  C  A  R  A
C  H  A  N  C  L  E  T  A  S  S  S
```

¡Recuerda!, para mantener las playas limpias hay que usar
siempre _ _ S _ _ _ _ _ _ _ _ _.

2 Resuelve este crucigrama y, ordenando las letras de las casillas grises, completa la frase.

1. Son unas piedras grandes.

2. Puedes estar sentado o tumbado en ella.

3. En ella te puedes cambiar de ropa.

4. Terreno llano con suelo de arena a la orilla del mar.

5. Con ella puedes construir castillos... muy frágiles.

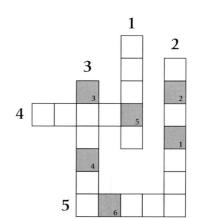

Nadar bajo el agua es _ _ _ _ _ _.
‾1‾ ‾2‾ ‾3‾ ‾4‾ ‾5‾ ‾6‾

gramática

> Hoy la temperatura en la playa es alt**ísima**.
>
> Estas sombrillas son grand**ísimas**.
>
> Este flotador es viej**ísimo**.
>
> *El superlativo se forma añadiendo las desinencias -ísimo/a, -ísimos/as a la raíz de los adjetivos. Por lo tanto, los adjetivos en superlativo tienen género y número y concuerdan con el sustantivo al que acompañan.*
>
> *Los adjetivos que terminan en* -ble *cambian en* -bilísimo.
>
> Caminar por la playa es saluda**bilísimo**.

3 Mira estos dibujos y completa las frases con la desinencia adecuada.

 1. Esta playa está llen.......... de gente.

2. Esta toalla es grand........... .

 3. Tengo que comprarme otro bañador, este es pequeñ........... .

4. Estas rocas son peligros............ .

4 Completa estas frases como en el ejemplo.

Esta sombrilla no es grande, es grandísima.

1. Este socorrista no es amable,

....

2. Estas cabinas no son pequeñas,

....

3. Esta arena no es fina,

....

4. Para quien no sabe nadar el flotador no es útil,

....

5. Estas tumbonas no son cómodas,

....

6. Tu crema solar no es olorosa,

....

5 ¡Qué precioso día de vacaciones! ¿Qué ves en esta playa?

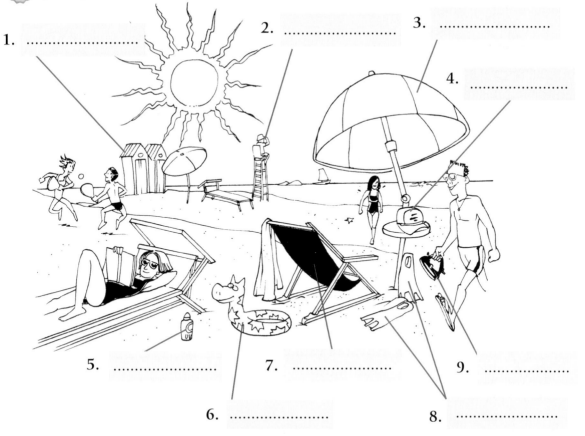

1. ....

2. ....

3. ....

4. ....

5. ....

6. ....

7. ....

8. ....

9. ....

6 Haz este esquema con la ayuda de los dibujos y descubre cuál es la palabra que falta en la frase.

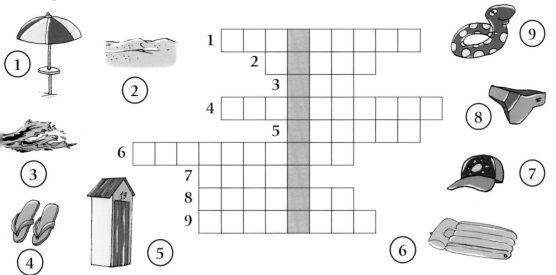

Cuando una persona ha tomado el sol y tiene la piel oscura,

está morena o _ _ _ _ _ _ _ _ _ .

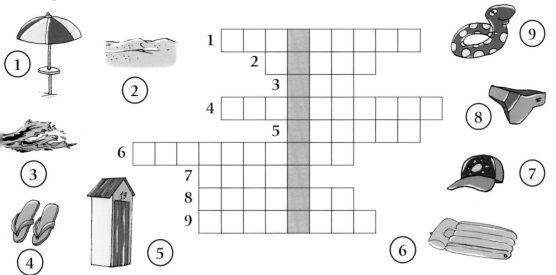

7 Completa estas frases con las palabras que faltan; los dibujos te darán una pista.

1. María está construyendo un castillo de _ _ _ _ _.

2. Cristina se ha puesto el bikini en la _ _ _ _ _ _.

3. Elena está tomando el sol en la _ _ _ _ _ _ _ _ _ _.

4. El señor Ordóñez está leyendo el periódico bajo la _ _ _ _ _ _ _ _ _.

5. Alicia le está echando _ _ _ _ _ _ _ _ _ _ a su marido.

6. Tomás se está zambullendo desde una _ _ _ _.

8 ¡Qué lío! Ordena las letras de estos anagramas para poder completar las frases.

1. La... sirve para hacer sombra.
   MOBALSIRL   ....

2. El... vigila para que no les suceda nada a los bañantes.
   ROSAROSITC   ....

3. Con la... subacuática puedes mirar bajo el agua.
   CASRAMA   ....

4. Debes usar siempre la... para protegerte de los rayos del sol.
   RORAMESACL   ....

5. Si te pones el... no te hundes en el agua.
   TOLARFOD   ....

6. Con las... podrás nadar mucho más rápido.
   ATELSA   ....

68

9 ¡Si has aprendido los nombres de estos objetos, resolverás enseguida este crucigrama!

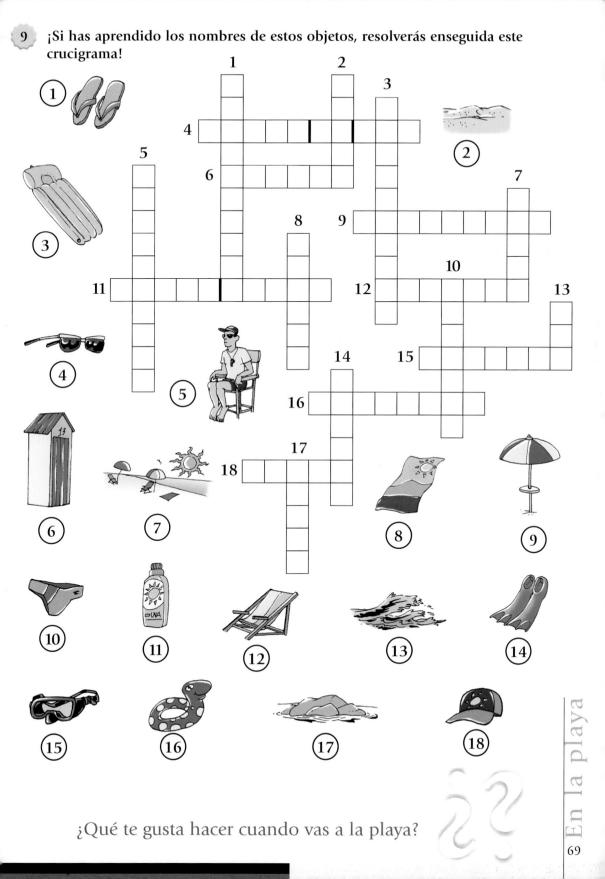

¿Qué te gusta hacer cuando vas a la playa?

En la montaña

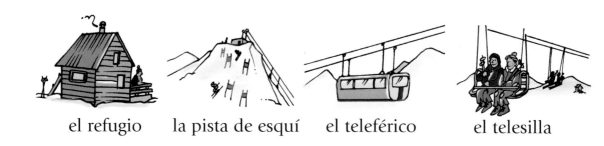

el refugio   la pista de esquí   el teleférico   el telesilla

el telesquí   el muñeco de nieve   el mono de esquí   el gorro   los guantes

el anorak   las botas (de esquí)   las botas (de montaña)   la mochila   el pase

los esquís   los bastones   el snowboard   el trineo   el bobsleigh

1 ¡Qué bien se está de vacaciones! Mira este dibujo y escribe las palabras adecuadas en los recuadros.

1. ....

2. ....

3. ....

4. ....

6. ....

5. ....

7. ....

8. ....

9. ....

10. ....

11. ....

2 Escribe qué coge Ramón cuando va a esquiar.

Ramón se pone un .... y las ....

Luego coge los ...., el ....

y la .... donde mete la crema protectora,

las gafas, unos pañuelos, etc. Pero antes de empezar a esquiar tiene

que comprarse el ....

gramática

Hemos dado un paseo por el valle.
Hemos bajado por la pista de esquí.
Nos hemos puesto los esquís.

El pretérito perfecto se usa para indicar una acción realizada en el pasado en un momento no preciso (es decir, no conocemos la fecha o el momento exacto), o en un momento muy cercano al presente.
Es un tiempo compuesto: se forma con el presente del verbo auxiliar haber *y el participio pasado del verbo que queremos usar. El participio pasado se forma así:*

verbos en -ar	*verbos en -er*	*verbos en -ir*
caminar ➝ camin-ado	correr ➝ corr-ido	sentir ➝ sent-ido

Hay otros muchos verbos que tienen un participio pasado irregular como por ejemplo: abrir/abierto, escribir/escrito, poner/puesto, ver/visto, decir/dicho, hacer/hecho.

3 Completa este texto con los verbos en pretérito perfecto y los dibujos que ves.

Hoy mis amigos y yo .... (ir) a la montaña. ....

(ponerse) las _ _ _ _ _ y el  _ _ _ _ _ _.

Después, con la  _ _ _ _ _ _ _ al hombro, ... (caminar)

hasta el  _ _ _ _ _ _.

4 Completa las frases con estos verbos en pretérito perfecto.
Usa la 2ª persona singular.

comprar – bajar – subir – comer – coger – ponerse

1. ¿.................................. en el teleférico? – No, en telesilla.
2. ¿.................................. el pase? – Sí, aquí está.
3. ¿.................................. en el refugio? – Sí, un buen plato de sopa caliente.
4. ¿.................................. el snowboard? – No, no me gustaba, y era un poco caro
5. ¿.................................. el gorro? – No, hace demasiado calor.
6. ¿........................ alguna vez por la pista en trineo? – Sí, claro, es muy divertido.

5 Mira este dibujo y escribe el nombre de las cosas numeradas.

1. ....   3. ....   5. ....   7. ....

2. ....   4. ....   6. ....   8. ....

6 Ordenando las letras de estos anagramas podrás resolver estas adivinanzas.

1. Te arrastra hasta la cumbre mientras llevas los esquís puestos.

   ESITUELQ ....

2. Envuelve tu cabeza para protegerla del frío.

   ROGOR ....

3. Es un hombre regordito, todo vestido de blanco.

   CUDEIMEEÑONEV ....

7 ¡Para ir a la montaña hay que prepararse muy bien! ¿Qué lleva un esquiador?

(1)

(2)

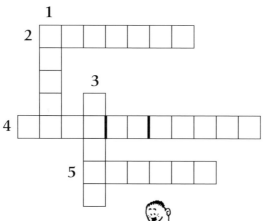

(3)

(5)

(4)

8 Completa estas frases con la ayuda de los dibujos.

1. Lucas baja por la pista de esquí con los ....

2. Quique baja por la pista de esquí con el ....

3. Eva y Andrés bajan en ....

4. Carmen y Arancha bajan en ....

9 Completa este texto con el pretérito perfecto de los verbos entre paréntesis (¡cuidado, algunos son reflexivos!) y las palabras que faltan.

Este fin de semana (yo, ir) .... con mi familia a la

montaña y (nosotros, dar) .... un largo paseo. Como allí

hace frío, (nosotros, ponerse) .... los _ _ _ _ _ _

de lana, el _ _ _ _ _ _ y también (nosotros, coger) ....

los _ _ _ _ _ _ _. (Nosotros, meterse) .... las

_ _ _ _ _ y (nosotros, empezar) .... a caminar. ¡Yo (subirse)

.... por primera vez en un _ _ _ _ _ _ _ _ _!

Después, (nosotros, caminar) .... durante una hora por un

bosque hasta llegar a la cumbre, donde (nosotros, encontrar) ....

un _ _ _ _ _ _ _. Allí (nosotros, comer) ....

los bocadillos que teníamos en las _ _ _ _ _ _ _ _.

10 En esta sopa de letras hay escondidas dieciocho palabras; encuéntralas y con las letras restantes descubrirás el nombre de uno de los lugares preferidos para esquiar en España.

```
R  B  A  S  T  O  N  E  S  A  N  O  R  A  K  G
E  I  M  U  Ñ  E  C  O  D  E  N  I  E  V  E  U
F  M  O  N  O  D  E  E  S  Q  U  I  E  G  S  A
U  R  C  S  N  O  W  B  O  A  R  D  T  O  Q  N
G  R  H  T  E  L  E  S  I  L  L  A  R  R  U  T
I  P  I  S  T  A  D  E  E  S  Q  U  I  R  I  E
O  A  L  A  T  E  L  E  S  Q  U  I  N  O  S  S
N  S  A  B  O  B  S  L  E  I  G  H  E  E  V  A
T  E  L  E  F  E  R  I  C  O  D  B  O  T  A  S
```

S _ _ _ _ _ _ _ _ _ _ _ A

Y a ti, ¿te gusta esquiar?

El deporte

el automovilismo

la gimnasia

el fútbol

el ciclismo

la carrera

la equitación

el golf

el judo

la natación

el baloncesto

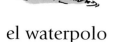
el waterpolo

el voleibol

el patinaje

el rugby

la esgrima

el esquí

el tenis

la vela

1 Haz este crucigrama y luego completa la frase con las letras de las casillas grises.

Estos son deportes por _ Q _ _ _ _ _.
                             1   2 3 4 5 6

2 Conecta las palabras de la primera columna con los deportes de la segunda.

1. coche de carreras
2. bicicleta
3. caballo
4. anillas
5. patines
6. florete/espada
7. palos
8. raqueta
9. barca
10. balón

a. esgrima
b. gimnasia
c. golf
d. ciclismo
e. fútbol
f. automovilismo
g. vela
h. equitación
i. tenis
j. patinaje

3 ¿Dónde se practican estos deportes? Escribe los números en los círculos correspondientes.

1. gimnasia

2. carrera

3. natación

4. fútbol

5. tenis

6. esquí

7. vela

a. ◯

b. ◯

c. ◯

d. ◯

e. ◯

f. ◯

g. ◯

gramática

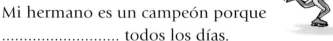

Normalmente, cuando hablamos de un deporte en el que se usa un balón o pelota, se usa el verbo jugar *+ a + el artículo y el nombre del deporte. No hay que olvidar que a+el forma* al. *En los demás casos se puede usar el verbo* hacer *+ el nombre del deporte. También se puede usar* practicar *+ el artículo y el nombre del deporte. Existen otros casos en los que se usa un verbo especial para un deporte:* esquiar, nadar, correr, patinar.

4 Completa estas frases con el verbo adecuado.

1. Iván .... al fútbol.

2. Mi hermano es un campeón porque .... todos los días.

3. Jordi .... el tenis.

4. Mis primos .... la gimnasia.

5. Esta tarde mis amigos y yo .... al voleibol.

6. Yo .... todos los días en la piscina de mi barrio.

gramática

> El deportista que practica un deporte en el que se usa un balón se llama jugador, *y luego se puede añadir la preposición* de + *el nombre del deporte. Algunas veces se puede añadir el sufijo* -ista *al nombre del deporte:* futbolista, tenista, golfista.
> *En los demás deportes, pueden añadirse los sufijos* -ista, -or/-ora: corredor/ora, ciclista, esquiador/ora; *otras veces el deportista tiene un nombre especial:* judoka, jinete, gimnasta.

5 Completa estas frases con el verbo adecuado y el nombre del deportista como en el ejemplo.

Nuria y Carlos hacen patinaje artístico: son patinadores.

1. Verónica .... gimnasia: es ....

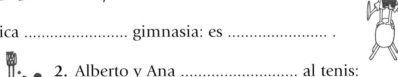

2. Alberto y Ana .... al tenis: son ....

3. Mis vecinos .... el judo: son ....

4. Ágata .... al voleibol: es ....

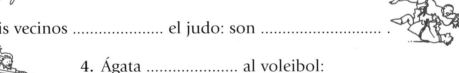

5. Alejandro y sus amigos .... todos los fines de semana: son buenos ....

6 ¿A qué deportes se refieren estas frases? Para descubrirlo, ordena las letras de estos anagramas.

1. Sólo un jugador de cada equipo puede tocar el balón con las manos.
   TULFOB ....
2. Los verdaderos protagonistas comen sólo... ¡hierba!
   TUAQINIECO ....
3. Lo practicaban también los Tres Mosqueteros.
   RASIGEM ....
4. Se usa un balón que no es redondo. GUBRY ....
5. El viento es su mejor aliado. LAVE ....

7 Pelota, balón... ¿sabes con cuál se juega?

1. ☐ golf

2. ☐ rugby

3. ☐ waterpolo

4. ☐ baloncesto

5. ☐ voleibol

6. ☐ tenis

7. ☐ fútbol

a.

b.

c.

d.

e.

f.

g.

8 Haz este esquema y luego completa la frase con las letras de las casillas grises.

1

2

3

4

5

A

6

7

8

A

1

2

3

4

5

6

7

8

Si una persona "nada en la _ _ _ _ _ _ _ _ _ _",
¡es porque posee grandes riquezas!

9 Haz este crucigrama mirando los dibujos.

¿Cuál es tu deporte favorito? ¿Por qué?

En el tiempo libre

ir al cine

montar en bicicleta

escuchar música

tocar un instrumento

bailar

hacer jogging

dar un paseo

hacer fotografías

jugar al ajedrez

ver la tele

quedar con los amigos

leer

navegar por Internet

viajar

escribir cartas

ir de compras

pintar

visitar museos

cocinar

cuidar las plantas

1 ¿Qué le gusta hacer a Eugenia durante su tiempo libre?

1. ....

2. ....

3. ....

4. ....

5. ....

2 ¿Qué dirá la frase incompleta? Descúbrelo encontrando las diez actividades del tiempo libre que se esconden en esta sopa de letras.

```
T O C A R U N I N S T R U M E N T O Ñ
O S O J U G A R A L A J E D R E Z I L
N S C A E S C U C H A R M U S I C A E
C U I D A R L A S P L A N T A S L I E
R D N E S C R I B I R C A R T A S E R
C N A V E G A R P O R I N T E R N E T
A S R V E R L A T E L E A P I N T A R
```

Puedes realizar estas actividades durante todo

el A _ _, _ _ _ _ _ _ _ _ _ _ _ _ _ _.

> Doy un paseo **todos los días**.
> Voy **a menudo** al cine.
> *Los adverbios y expresiones de frecuencia se usan para indicar la cantidad de veces que ocurre algo en cierto intervalo de tiempo.*
> *Algunos de los más usados son los siguientes:*
> nunca – casi nunca – raramente – de vez en cuando – una vez al año – una vez al mes – una vez a la semana / una vez por semana – a veces – varias veces al mes/día – todos los años/meses/días/lunes/martes – todas las semanas/tardes/noches – diariamente – a menudo – con frecuencia – cada poco – siempre

3 Construye frases como la del ejemplo con estos adverbios de frecuencia.

diariamente .... *Escucho música diariamente.* ....

1. a menudo ....

2. nunca ....

3. a veces ....

4. una vez al mes ....

5. raramente ....

6. todos los días ....

7. varias veces por semana ....

4 ¿Qué hace Pablo en su tiempo libre? Con la ayuda de los dibujos adivina qué palabra falta en las frases y después resuelve el crucigrama.

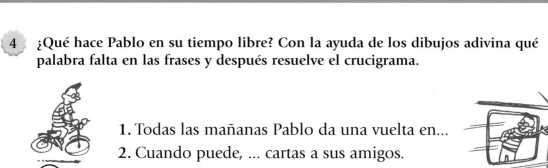

1

1. Todas las mañanas Pablo da una vuelta en...

2. Cuando puede, ... cartas a sus amigos.

3. Este año ha aprendido a hacer...
y le encanta hacerlas en el campo.

9

2

4. Los martes por la tarde le gusta ir de...

5. Los sábados... para toda la familia.

6. Los miércoles por la noche va al...

7. Le encanta jugar al... con su amigo Celso.

8. Pablo... con sus amigos todas las tardes
para charlar un rato.

8

3

9. Todos los veranos... en tren para visitar alguna
ciudad que no conoce.

4   **5**   **6**   **7**

5 ¿Qué hace? Completa las frases con lo que hacen estas personas todos los días.

1. Lucía ....

2. Julián ....

3. Iñaki ....

4. Olga ....

5. Félix ....

6. Teresa ....

7. Patricia ....

6 ¿Divertido o aburrido? ¡No todos tenemos los mismos gustos! Escribe las actividades que para ti son divertidas y las que son aburridas.

divertido	aburrido

7 ¿Dónde se pueden realizar estas actividades? Conecta cada actividad con el lugar o los lugares adecuados: hay varias posibilidades, pero... ¡cuidado con las preposiciones!

actividades	lugares
1. ver una película	en el jardín
2. montar en bicicleta	en la discoteca
3. bailar	en el cine
4. dar un paseo	por la ciudad
5. ver la tele	por el parque
6. leer	en el salón
7. pintar	en un estudio
8. ir de compras	en un museo
9. preparar una tarta	en la cocina
10. regar las plantas	en tu habitación
11. observar un cuadro de Picasso	a un centro comercial

8 En esta sopa de letras hallarás las actividades de esta unidad; encuéntralas y podrás completar la frase con las letras que te sobren.

```
D D C U I D A R L A S P L A N T A S V
N A V E G A R P O R I N T E R N E T I
I R A L C I N E B A I L A R P I C S S
Q U E D A R C O N L O S A M I G O S I
F N R U H A C E R J O G G I N G C T T
A P V E R L A T E L E T U T T I I L A
H A C E R F O T O G R A F I A S N E R
E S C R I B I R C A R T A S R E A E M
M E S C U C H A R M U S I C A P R R U
T O C A R U N I N S T R U M E N T O S
V I A J A R O I R D E C O M P R A S E
M O N T A R E N B I C I C L E T A L O
J U G A R A L A J E D R E Z I B R E S
```

Hagas lo que hagas... ¡_ _ _ _ _ _ _ _
de _ _ _ _ _ _ _ _ _ _ _ _ _!

Y tú, ¿qué haces en tus ratos de ocio?

Soluciones

Las profesiones II   página 4

1 1. a; 2. c; 3. b; 4. g; 5. d; 6. f; 7. e

2 traductor, piloto, sastre, cantante, arquitecto, escritor, pintor; *¿Qué quieres ser de mayor?*

3 1. arquitecto, 2. sastre, 3. piloto, 4. fotógrafo

4 1. es, 2. eres, 3. son, 4. es, 5. soy, 6. somos, 7. son, 8. sois

5 1. pintora, 2. cantante, 3. fotógrafo, 4. traductor, 5. pescador, 6. piloto, 7. peluquera, 8. fontanero

6 1. el veterinario, 2. los bomberos, 3. el fontanero, 4. el dentista

7 1. el sastre, 2. el peluquero, 3. el pescador, 4. el pintor, 5. el cartero

8 1. veterinario, 2. traductor, 3. piloto, 4. directora, 5. dentista, 6. arquitecto, 7. cantante, 8. carpintero

9 1. fotógrafo/a, 2. traductor/a, 3. escritor/a, 4. pescador/a, 5. cantante

10 1. pintor, 2. peluquera, 3. sastre, 4. traductor, 5. escritora

11 horizontales: arquitecto, bombero, cantante, pescador, peluquero, director, sastre, escritor, fotógrafo, piloto, pintor; **verticales:** carpintero, traductor, cartero, fontanero, dentista; Arturo *es veterinario.*

Las tiendas   página 10

1 1. c, 2. j, 3. g, 4. n, 5. a, 6. i, 7. e, 8. b, 9. f, 10. h, 11. l, 12. m, 13. k, 14. b

2 1. panadería, 2. pescadería, 3. frutería, 4. charcutería

3 1. farmacéutico, 2. florista, 3. zapatero, 4. joyero, 5. panadero

4 1. pescadero, 2. librero, 3. pastelero, 4. quiosquera, 5. frutera, 6. carniceros

5 1. agencia de viajes, 2. farmacia, 3. tienda de ropa, 4. papelería, 5. quiosco, 6. heladería

6 1. zapatería, 2. librería, 3. carnicería, 4. pescadería, 5. frutería, 6. floristería, 7. pastelería, 8. joyería; *panadería*

7 tiendas de ropa, zapatería, juguetería, quiosco, panadería, floristería

8 1. farmacia, 2. charcutería, 3. joyería, 4. agencia de viajes

9 horizontales: tienda de deportes, quiosco, heladería, papelería, carnicería, librería, panadería, floristería, juguetería, perfumería, agencia de viajes; **verticales:** tienda de ropa, pescadería, frutería, joyería, farmacia, zapatería, pastelería, charcutería, estanco; En lugar de ir a tantas *tiendas* distintas, mucha gente prefiere ir a comprar a un *supermercado* o a unos *grandes almacenes.* ¡Ahora se puede comprar incluso en *Internet!*

Mobiliario

página 16

1 piso de arriba: alfombra, espejo, mesilla de noche, armario, cortinas, cama; **piso de abajo:** estantería, sofá, cuadro, chimenea

2 1. sofá, 2. chimenea, 3. alfombra, 4. sillón, 5. estantería; *salón*

3 1. mesilla de noche, 2. sillas, 3. estantería, 4. alfombra, 5. cortinas, 6. cuadro, 7. perchero

4 respuesta libre

5 1. cerca de la/junto a la, 2. en la, 3. frente al/enfrente del, 4. sobre la/encima de la, 5. entre, 6. bajo la/debajo de la, 7. en la

6 1. sofá, 2. mesa, 3. escritorio, 4. estantería, 5. cama, 6. mesilla de noche, 7. armario, 8. silla, 9. cuadro, 10. cómoda, 11. sillón, 12. lámpara

7 1. armario, 2. cama, 3. cuadro, 4. sillón, 5. espejo, 6. chimenea

8 horizontales: mesilla de noche, escritorio, sofá, perchero, estantería, chimenea, tocador, cama, cuadro, cómoda, alfombra, armario, lámpara; **verticales:** mesa, espejo, cortinas, sillón, silla; *mobiliario*

En la cocina

página 22

1 cuchillo, tenedor, cucharilla, cuchara; *cubiertos*

2 sí: vaso, plato, botella, cuchillo, tenedor, cuchara; **no:** batidora, balanza, tostador

3 1. vaso, 2. cuchillo, 3. sartén, 4. cazuela

4 1. estoy, 2. estás, 3. está, 4. estamos, 5. estáis, 6. están

5 1. está bebiendo, 2. está cortando, 3. está friendo, 4. están quitando

6 1. balanza, 2. nevera, 3. batidora, 4. tostador, 5. cuchillo

7 1. balanza, 2. cazuela, 3. tostador, 4. microondas, 5. lavavajillas, 6. batidora, 7. nevera

8 1. cucharilla, 2. balanza, 3. cuchillo, 4. taza, 5. sartén, 6. cazuela

9 1. cuchara, 2. vaso, 3. cuchillo, 4. batidora, 5. sartén, 6. botella, 7. nevera; *cocinar*

10 1. botella, 2. cucharilla, 3. vaso, 4. plato, 5. microondas, 6. batidora, 7. lavavajillas, 8. tostador, 9. tenedor, 10. nevera, 11. cazuela, 12. cuchara, 13. sartén, 14. taza, 15. cuchillo, 16. balanza

En el cuarto de baño

página 28

1 1. lavabo, 2. váter, 3. bañera, 4. ducha, 5. espejo

2 1. champú, 2. jabón, 3. cepillo de dientes, 4. dentífrico, 5. gel de baño, 6. peine

3 1. bañera, 2. toallas, 3. dentífrico, 4. lavadora, 5. cepillo

4 1. está, 2. es, 3. está, 4. está, 5. es, 6. es, 7. es

5 1. toalla, 2. báscula, 3. peine, 4. champú, 5. cepillo de dientes, 6. jabón, 7. secador, 8. espejo

6 1. lavadora, 2. grifo, 3. cepillo, 4. báscula

7 1. esponja, 2. bañera, 3. grifo,
4. dentífrico, cepillo de dientes

8 1. espejo, 2. váter, 3. albornoz,
4. lavabo, 5. grifo, 6. ducha, 7. peine,
8. esponja; *servicio*

9 1. toalla, 2. espejo, 3. ducha,
4. albornoz, 5. bañera, 6. lavabo,
7. váter, 8. báscula

10 horizontales: cepillo de dientes,
secador, lavabo, bañera, peine, gel de baño,
esponja, báscula, ducha, cepillo, dentífrico,
váter, papel higiénico; verticales: albornoz,
lavadora, espejo, grifo, champú, toalla,
jabón; ¡Protege la *naturaleza*! Para *ahorrar
agua*, dúchate en lugar de bañarte.

La ropa II
página 34

1 1. pantalones cortos, sandalias;
2. chándal, zapatillas de deporte;
3. trajes, 4. botas, anorak

2 1. pantys, 2. calzoncillos, 3. bóxer,
4. braguitas, 5. sujetador, 6. calcetines;
interior

3 1. cárdigan, 2. zapatillas de deporte,
3. chaquetón, 4. traje

4 1. los, los; 2. las; 3. los; 4. el

5 1. El anorak rojo es más grande que el
verde. 2. El chaleco marrón es más viejo
que el azul. 3. Las botas marrones son
más caras que las negras. 4. Los calcetines
negros son más cortos que los de colores.
5. Los zapatos sin tacón son más
cómodos que los de tacón.

6 1. cárdigan, 2. chándal, 3. sandalias

7 para él: los calzoncillos, el chaleco;
para ella: el sujetador, los pantys, las
braguitas; para ambos: el traje, el
chaquetón, los pantalones cortos, los
calcetines, el cárdigan, el chándal, las botas

8 horizontales: calcetines, chaleco,
botas, bóxer, traje, pantys, calzoncillos,
cárdigan, braguitas, sandalias; verticales:
anorak, chándal; *pantalones cortos*

9 1. calzoncillos, 2. chaleco,
3. pantalones cortos, 4. pantys,
5. sandalias, 6. botas, 7. braguitas,
8. calcetines, 9. zapatillas de deporte,
10. traje, 11. anorak, 12. chándal,
13. sujetador, 14. bóxer, 15. chaquetón,
16. cárdigan

Los accesorios
página 40

1 anillo, pulsera, collar, broche, reloj;
joyas

2 1. el bolso, 2. el sombrero, 3. las gafas,
4. el paraguas, 5. el reloj, 6. la cartera

3 1. Está lloviendo. ¿Juan ha cogido el
paraguas? Sí, lo ha cogido. 2. ¿Antonio
ha regalado a Concha unos pendientes?
Sí, se los ha regalado. 3. ¿Quién te ha
prestado ese cinturón? Me lo ha prestado
mi primo. 4. ¿Quién te ha regalado esa
pulsera tan bonita? Me la ha regalado mi
hermano.

4 1. se, guantes; 2. me, broche; 3. se,
anillo; 4. os, sombrero

5 1. sombrero, 2. pulsera, 3. anillo,
4. paraguas, 5. collar

6 verticales desde arriba: anillo, reloj,
collar; verticales desde abajo: broche;
horizontales de izquierda a derecha:
pendientes, guantes, cartera, foulard;
horizontales de derecha a izquierda:
pulsera, bolso; Son *el regalo ideal*.

7 1. gafas, 2. pañuelo, 3. paraguas,
4. bufanda, 5. sombrero, 6. cinturón;
complementos

8 1. d, reloj; 2. b, cinturón; 3. a, pañuelo;
4. e, paraguas; 5. c, cartera

9 **horizontales:** pendientes, bufanda,
cartera, paraguas, broche, pañuelo;
verticales: cinturón, bolso, pulsera,
foulard, collar, reloj, tirantes, anillo,
sombrero, guantes; *Querría* unas *gafas
nuevas*, por favor.

Alimentos y bebidas II página 46

1 **horizontales:** miel, mermelada, yogur,
galletas, azúcar; **verticales:** tarta; *¿Eres un
goloso?*

2 1. cava, 2. cerveza, 3. aceite, 4. vinagre,
5. zumo

3 1. tarta; 2. mermelada, galletas;
3. bocadillo, salchichón, jamón; 4. sal

4 1. zumo, se bebe; 2. jamón, se corta;
3. cava, se sirve, cerveza; 4. tarta, se
necesita; 5. se mete, yogur

5 1. la cerveza, 2. el aceite, 3. la miel,
4. la sal, 5. la pimienta, 6. el bocadillo

6 1. mermelada, 2. cerveza, 3. vinagre,
4. miel, 5. aceite, 6. jamón, 7. yogur,
8. galletas, 9. zumo, 10. salchichón

7 **alacena:** galletas, miel, aceite, sal;
nevera: cava, yogur, cerveza, zumo

8 1. aceite, cava, vinagre, cerveza, zumo;
2. cerveza; 3. miel, mermelada;
4. galletas, azúcar, sal; 5. miel, azúcar,
mermelada; 6. sal; 7. tarta; 8. salchichón;
9. cava; 10. jamón; 11. cerveza;
12. jamón, salchichón

9 1. tarta, 2. jamón, 3. pimienta,
4. cava, 5. aceite, 6. mermelada,
7. cerveza, 8. salchichón, 9. galletas,
10. azúcar, 11. sal, 12. miel, 13. zumo,
14. vinagre, 15. yogur, 16. bocadillo

La fruta página 52

1 1. piña, 2. melocotón, 3. ciruela,
4. pera, 5. higo, 6. manzana

2 **amarillo:** plátano, limón, pomelo,
piña, melón; **naranja:** albaricoque,
naranja, melón, melocotón, mandarina;
rojo: cereza, fresa, sandía

3 1. manzanas, 2. peras, 3. cerezas,
4. melocotones, 5. ciruelas, 6. limones

4 esas naranjas, estas peras, esos kiwis,
estas fresas, aquel melón

5 1. verdes, negras; 2. amarillos;
3. amargos; 4. rojo; 5. buenos;
6. maduros; 7. dulces

6 1. manzana, 2. sandía, 3. plátano,
4. kiwi, 5. ciruela, 6. piña, 7. melocotón,
8. cerezas, 9. melón, 10. pera, 11. uvas,
12. fresa

7 A 1. cereza, 2. melón, 3. melocotón,
4. fresa, 5. sandía, 6. albaricoque; *en verano;*
B 1. pomelo, 2. pera, 3. limón, 4. manzana,
5. piña, 6. plátano; *todo el año*

8 1. aquellas fresas, 2. estos limones,
3. estos melocotones, 4. esos kiwis,
5. aquel melón

9 **horizontales:** mandarina, albaricoque,
pomelo, higo, pera, plátano, limón,
sandía, uvas; **verticales:** manzana,
ciruela, piña, melón, cereza, kiwi,
fresa, naranja, melocotón; *muchas
vitaminas*

La verdura

página 58

1 horizontales: zanahoria, patata, cebolla; **verticales:** ajo; *bajo tierra*

2 1. alubias, 2. apio, 3. tomate, 4. lechuga, 5. pimiento, 6. alcachofa, 7. espárragos, 8. zanahoria; *vegetariana*

3 1. cuánto apio; 2. cuánto, tomates; 3. cuántas cebollas; 4. cuánta lechuga; 5. cuántos pimientos; 6. cuánto, coliflor; 7. cuántos, patatas; 8. cuántas berenjenas

4 horizontales: espinacas, espárragos, puerro, guisantes, coliflor; **verticales:** berza, apio; *hortalizas*

5 1. alubias, 2. puerro, 3. espárragos, 4. setas, 5. cebolla, 6. guisantes, 7. espinacas, 8. pimiento; A *Bugs Bunny* le encanta una verdura. ¿Cuál es? ¡La *zanahoria*!

6 1. cebollas, 2. coliflor, 3. zanahorias, 4. tomate, 5. patatas, 6. alubias, 7. guisantes, 8. puerro, 9. apio

7 1. los pimientos, 2. la berenjena, 3. las cebollas, 4. las patatas, 5. los guisantes, 6. las setas

8 1. pimiento, 2. alcachofa, 3. coliflor, 4. apio, 5. tomate, 6. espinacas, 7. setas, 8. zanahoria, 9. espárragos, 10. berenjena, 11. berza, 12. alubias, 13. cebolla, 14. puerro, 15. guisantes, 16. ajo, 17. lechuga, 18. patata

En la playa

página 64

1 horizontales: flotador, bañador, gafas de sol, colchoneta, crema solar, máscara, chancletas; **verticales:** toalla, gorra, aletas; *las papeleras*

2 1. rocas, 2. tumbona, 3. caseta, 4. playa, 5. arena; *bucear*

3 1. llenísima, 2. grandísima, 3. pequeñísimo, 4. peligrosísimas

4 1. es amabilísimo, 2. son pequeñísimas, 3. es finísima, 4. es utilísimo, 5. son comodísimas, 6. es olorosísima

5 1. caseta, 2. socorrista, 3. sombrilla, 4. gorra, 5. crema solar, 6. flotador, 7. tumbona, 8. aletas, 9. máscara

6 1. sombrilla, 2. arena, 3. ola, 4. chancletas, 5. caseta, 6. colchoneta, 7. gorra, 8. bañador, 9. flotador; *bronceada*

7 1. arena, 2. caseta, 3. colchoneta, 4. sombrilla, 5. crema solar, 6. roca

8 1. sombrilla, 2. socorrista, 3. máscara, 4. crema solar, 5. flotador, 6. aletas

9 1. chancletas, 2. arena, 3. colchoneta, 4. gafas de sol, 5. socorrista, 6. caseta, 7. playa, 8. toalla, 9. sombrilla, 10. bañador, 11. crema solar, 12. tumbona, 13. ola, 14. aletas, 15. máscara, 16. flotador, 17. rocas, 18. gorra

En la montaña

página 70

1 1. refugio, 2. gorro, 3. pase, 4. anorak, 5. muñeco de nieve, 6. guante, 7. esquís, 8. mono de esquí, 9. botas de esquí, 10. snowboard, 11. bobsleigh

2 mono de esquí, botas de esquí, guantes, gorro, mochila, pase

3 hemos ido, nos hemos puesto, botas, anorak, mochila, hemos caminado, refugio

Soluciones

4 1. has subido, 2. has cogido, 3. has comido, 4. has comprado, 5. te has puesto, 6. has bajado

5 1. telesilla, 2. teleférico, 3. refugio, 4. telesquí, 5. snowboard, 6. pista de esquí, 7. trineo, 8. muñeco de nieve

6 1. telesquí, 2. gorro, 3. muñeco de nieve

7 1. gorro, 2. guantes, 3. botas, 4. mono de esquí, 5. anorak

8 1. esquís, 2. snowboard, 3. bobsleigh, 4. trineo

9 he ido, hemos dado, nos hemos puesto, gorros, anorak, hemos cogido, guantes, nos hemos metido, botas, hemos empezado, me he subido, teleférico, hemos caminado, hemos encontrado, refugio, hemos comido, mochilas

10 horizontales: bastones, anorak, muñeco de nieve, mono de esquí, snowboard, telesilla, pista de esquí, telesquí, bobsleigh, teleférico, botas; **verticales:** refugio, pase, mochila, trineo, gorro, esquís, guantes; *Sierra Nevada*

El deporte
página 76

1 1. baloncesto, 2. fútbol, 3. rugby, 4. voleibol, 5. waterpolo; *equipos*

2 1. f, 2. d, 3. h, 4. b, 5. j, 6. a, 7. c, 8. i, 9. g, 10. e

3 a. 5, b. 6, c. 7, d. 2, e. 1, f. 3, g. 4

4 1. juega, 2. patina, 3. practica, 4. practican, 5. jugamos, 6. nado

5 1. hace, gimnasta; 2. juegan, tenistas; 3. practican, judokas; 4. juega, jugadora de voleibol; 5. esquían, esquiadores

6 1. fútbol, 2. equitación, 3. esgrima, 4. rugby, 5. vela

7 1. b, 2. g, 3. d, 4. c, 5. f, 6. e, 7. a

8 1. vela, 2. fútbol, 3. equitación, 4. gimnasia, 5. judo, 6. tenis, 7. natación, 8. patinaje; *abundancia*

9 1. ciclismo, 2. fútbol, 3. esquí, 4. rugby, 5. natación, 6. carrera, 7. gimnasia, 8. voleibol, 9. patinaje, 10. automovilismo, 11. vela, 12. waterpolo, 13. tenis, 14. equitación, 15. esgrima, 16. baloncesto, 17. golf, 18. judo

En el tiempo libre
página 82

1 1. escuchar música, 2. cocinar, 3. bailar, 4. tocar un instrumento, 5. ver la tele

2 horizontales: tocar un instrumento, jugar al ajedrez, escuchar música, cuidar las plantas, escribir cartas, navegar por Internet, ver la tele, pintar; **verticales:** cocinar, leer; Puedes realizar estas actividades durante todo el *año, sin salir de casa.*

3 (solución posible) 1. Leo a menudo. 2. Nunca visito museos. 3. A veces voy de compras. 4. Voy al cine una vez al mes. 5. Raramente juego al ajedrez. 6. Todos los días veo la tele. 7. Pinto varias veces por semana.

4 1. bicicleta, 2. escribe, 3. fotografías, 4. compras, 5. cocina, 6. cine, 7. ajedrez, 8. queda, 9. viaja

5 1. cuida las plantas, 2. hace jogging, 3. navega por Internet, 4. queda con los amigos, 5. escucha música, 6. pinta, 7. lee

6 respuesta libre

7 (solución posible) 1. en el cine, en tu habitación; 2. por la ciudad, por el parque; 3. en la discoteca; 4. por la ciudad, por el parque; 5. en el salón; 6. en el jardín, en el salón, en tu habitación; 7. en el salón, en un estudio; 8. a un centro comercial; 9. en la cocina; 10. en el jardín; 11. en un museo

8 horizontales: cuidar las plantas, navegar por Internet, ir al cine, bailar, quedar con los amigos, hacer jogging, ver la tele, hacer fotografías, escribir cartas, escuchar música, tocar un instrumento, viajar, ir de compras, montar en bicicleta, jugar al ajedrez; **verticales:** dar un paseo, pintar, cocinar, leer, visitar museos; Hagas lo que hagas... *¡Disfruta de tu tiempo libre!*

Índice